HENSCHEL
TASCHENBUCH

CASPAR DAVID
FRIEDRICH

Was die fühlende Seele sucht

Briefe und Bekenntnisse

Herausgegeben von
Sigrid Hinz

HENSCHEL VERLAG
BERLIN

Von Herrmann Zschoche durchgesehene Textauswahl nach:
Caspar David Friedrich in Briefen und Bekenntnissen
Herausgegeben von Sigrid Hinz

Auf dem Titel:
Zwei Männer in Betrachtung des Mondes (Ausschnitt). 1819
Dresden, Gemäldegalerie Neue Meister

Umschlagrückseite:
Georg Friedrich Kersting:
Caspar David Friedrich in seinem Atelier. 1819
Berlin, Neue Nationalgalerie

HTB 15
© Henschel Verlag GmbH
Berlin 1968
1. Auflage der Taschenbuchausgabe
50/1991
Umschlaggestaltung: Wolfgang Ritter
Typographie: Anne-Katrin Engelstädter
Lichtsatz: INTERDRUCK Leipzig GmbH
Reproduktion: Druckhaus Friedrichshain Berlin
Druck: Ebner Ulm
ISBN 3-362-00574-8

Inhalt

Vorwort

«Wer in der Geschichte der Landschaftsmalerei, und insbesondere in Deutschland, um fünf bis sechs Jahrzehnte
zurückgehen will, der wird auf einen ziemlich trostlosen
Zustand ... treffen», schreibt Carl Gustav Carus im Jahre
1840 und weist nachdrücklich darauf hin, daß «namentlich
Friedrich es war, welcher mit einem durchaus tiefsinnigen
und energischen Geiste und auf absolut originale Weise in
den Wust des Alltäglichen, Prosaischen, Abgestandenen
hineingriff, und ... aus dessen Mitte eine eigentümlich
neue, leuchtend-poetische Richtung hervorhob.»

Caspar David Friedrich wurde am 5. September 1774 in
der damals zu Schwedisch-Vorpommern gehörenden Uni-
versitätsstadt Greifswald geboren. Sein Vater war der Seifensieder Adolf Gottlieb Friedrich, die Mutter, geb.
Bechly, starb sehr früh. Die Kinder wurden von der «Mutter Heidensch», einer nahen Verwandten, betreut. Aus seinen Briefen wird deutlich, daß Friedrich, auch als er fern
von seinen Brüdern und Schwestern lebte, stets eine tiefe
Verbundenheit mit ihnen fühlte. Seit dem Jahre 1788
wurde er von dem akademischen Zeichenmeister Johann
Gottfried Quistorp unterrichtet. Man zeichnete in seinem
Atelier mehr nach Vorlagen als nach einem Modell und
ging selten hinaus in die Natur. 1794 bezog Friedrich die
Kunstakademie im nahen Kopenhagen, die zu jener Zeit
als die liberalste in Europa galt und großzügig Stipendien
für Begabte zur Verfügung stellte. Namhafte Künstler des
nordischen Klassizismus, so Abildgaard, Juel, Löffler und
Dinessen, waren seine Lehrer. Auch Runge hat unter ihnen
wenige Jahre später sein Studium absolviert. Friedrich er-
lernte hier eine feine Umrißtechnik und die Anfänge des
Malens mit Sepiatusche und Ölfarbe, ebenso das zarte La-
vieren und die Darstellung plastischer Werte in der Krei-

7

demanier. Neben den konventionellen Übungen nach Gipsen und Vorlagen spielte an der Kopenhagener Akademie das Zeichnen nach der Natur bereits eine bedeutende Rolle. Im Frühjahr des Jahres 1798 beendete Friedrich seine Studien in Kopenhagen und kehrte wahrscheinlich für einige Wochen in seine Vaterstadt zurück. Wohl im Sommer hielt er sich, wie er selbst bekundet, eine Zeitlang in Berlin auf und war hier künstlerisch tätig. Im Herbst ging er nach Dresden. Hier geriet er anfangs unter den Einfluß der die Landschaftskunst um 1800 prägenden deutschen Maler Hackert, Thiele, Dietrich, Klengel und Zingg. In seinen frühen Veduten zeigt sich deren modische und routinierte Manier deutlich, wobei Klengels jedenfalls sporadische Naturorientierung Friedrich zum Studium der Natur am ehesten angeregt haben wird. Einige seiner frühen Radierungen erinnern auch an die Art Geßners. Während eines längeren Besuches der Heimat in den Jahren 1801 und 1802, als er mehrere Male Rügenwanderungen unternahm und die Küsten und Höhen der Insel zeichnete, gelang es ihm, sich von diesen Vorbildern zu lösen. Die sichere Bewältigung des Landschaftsraumes und der Verzicht auf idealische Reminiszenzen kennzeichnen von nun an seine Arbeiten.

Wie eng des Künstlers Kontakt zu den in Dresden lebenden Vertretern der Frühromantik war, läßt sich nicht mit Bestimmtheit sagen. Es scheint sicher zu sein, daß er sich mit ihren zahlreichen seit 1797 erscheinenden Schriften beschäftigt hat und auch zu ihren Veranstaltungen ging. Die Kunstakademie sah Friedrich als eingeschriebenen Studenten, der wohl auch anfangs die Ausbildungsmöglichkeiten nutzte. Später aber legte er keinen Wert auf eine Verbindung zu ihr, wie seine Freunde berichtet haben. Er fühlte wohl, daß die Künstler der Akademie mehr oder minder dem «alten Zopf» anhingen und ihm nichts Entscheidendes zu geben vermochten.

Wenn man aus den überlieferten Werken gültige Schlüsse ziehen kann, so hat Friedrich seit der Zeit um

1803 begonnen, größere und eigenständige Kompositionen in Sepiatechnik zu schaffen, die sowohl inhaltlich als auch formal die Ausgangsstufe seiner bekannten Gemälde darstellen. Bevor er im Jahre 1808 mit seinem ersten großen Ölbild, dem sogenannten Tetschener Altar, an die Öffentlichkeit trat, hatte er 1807 nur einige Arbeiten in dieser Weise gemalt; ob schon vor dem Jahre 1800 entstandene, ihm zugeschriebene Ölbilder mehr als reine Schülerarbeiten waren, muß vorerst als recht fragwürdig angesehen werden. Während des Sommers 1803 hatte Friedrich das malerische Loschwitz zum Aufenthalt gewählt und hier in einer offenbar erkenntnisreichen Zeit eine Anzahl Sepiazeichnungen geschaffen. Bekannte romantische Motive wie beispielsweise die Tages- oder Jahreszeiten, auch der Todesgedanke beschäftigten ihn seither. Meisterliche Sepiazeichnungen solchen Inhalts fanden nicht nur bald Käufer in dem Hofmarschall von Racknitz und dem Fürsten von Putbus, sondern auch öffentliche Würdigung: 1805 wurde Friedrich der Preis der Weimarer Kunstfreunde von Goethe verliehen.

Im darauffolgenden Sommer fuhr der Künstler wieder nach Greifswald und bereiste von dort aus erneut die Insel Rügen. Außer den bekannten Ansichten hat er damals auffallend viele Großsteingräber gezeichnet. Sein Interesse an Denkmälern aus der nordeuropäischen Vorgeschichte verstärkte sich unter dem Einfluß der nationalen Bewegung und mag überdies durch den Greifswalder Juristen und Archäologen Professor Schildener, mit dem der Maler befreundet war, noch gefördert worden sein. Bis um das Jahr 1806 hatte Friedrich mit Feder, Pinsel und Bleistift, aber auch mit Kreide seine Studien und ausgeführten Arbeiten gefertigt. Von nun an trat die Verwendung des Bleistiftes beim Zeichnen von Studien mehr und mehr in den Vordergrund. Diese Naturskizzen wurden immer zahlreicher und in der Hauptsache für den «Vorrat» gesammelt, woraus der Künstler dann wiederholt bei der Gestaltung seiner abgeschlossenen Werke geschöpft hat. Die während der Jahre

1806 bis 1818 entstandenen anspruchslosen Bildnotizen nach Landschaften, Bäumen, Felsen und Wolken, Schiffen, Großsteingräbern und Bauten sind von der Gestaltungsweise und Komposition her schon im Hinblick auf seine transparente Malweise angelegt.

Zum Freundeskreis des Künstlers in Dresden zählten seit 1805 Gerhard von Kügelgen und Theodor Körner; wenig später kamen vorübergehend auch Heinrich von Kleist, Gotthilf Heinrich von Schubert und Rühle von Lilienstern hinzu, während der Maler Kersting ihm noch über die Zeit der Befreiungskriege hinaus eng verbunden blieb. Sie alle waren in jenen Jahren von patriotischer Begeisterung erfüllt.

Über einige Freunde reichten Friedrichs Beziehungen damals bis in die nächste Umgebung des Königs von Preußen, der sich sehr für sein Schaffen interessierte. Johann Gottfried Schadow berichtet in seinem Tagebuch 1812 über eine Äußerung Friedrich Wilhelms III. vor dem Gemälde «Das Kreuz im Riesengebirge»: «Das ist ein schön Bild; als ich nach Töplitz reisete, war ich früh auf und gedachte die schöne Gegend zu sehen; aus dem Tau ragten die Hügelspitzen hervor, und machten gerade diese Wirkung einer Meeres-Oberfläche, und meine eigentliche Absicht war vereitelt; wer es nicht gesehen hat in der Natur, denkt, es ist nicht wahr.» Schadow schreibt dann weiter: «Die Künstler waren sämtlich der Meinung, Friedrich habe da etwas aus seiner Phantasie gemalt.» Das Laienurteil des Königs bewies jedoch, daß Friedrich die atmosphärischen Vorgänge besser beobachtet hatte als seine Malerkollegen.

Mit den wachsenden künstlerischen Fähigkeiten und seiner Ernennung zum Auswärtigen Mitglied der Preußischen Akademie der Künste zu Berlin stieg das Ansehen des Malers zunächst. Seine wirtschaftlichen Verhältnisse besserten sich, und er spielte sogar mit dem Gedanken, in die Schweiz zu reisen. Jedoch scheinen die Zeitumstände die Ausführung eines solchen Planes verhindert zu haben.

Vielmehr wurde im Jahre 1809 sein Besuch in der Heimat notwendig. Die tagebuchartigen Skizzen dieses Jahres geben Aufschluß über den Reiseweg und die Stationen seines Aufenthaltes in Greifswald und Neubrandenburg sowie in der weiteren Umgebung dieser Städte. In ähnlicher Weise läßt sich auch die Route seiner Riesengebirgswanderung vom Sommer 1810, auf der ihn sein Freund Kersting begleitete, rekonstruieren, wie auch die Skizzen seiner Harzreise vom folgenden Jahr, welche er mit dem Bildhauer Kühn unternahm, zeigen, wohin die Künstler ihre Schritte lenkten. Auf diesen Wanderungen in den Bergen haben Friedrich vorwiegend weite Fernblicke, Felsmassive und enge Waldausschnitte interessiert. Seine zeichnerische Ausbeute fand ihren Niederschlag in den 1810 bis 1815 entstandenen Gemälden mit Gebirgsmotiven, die auch in einigen Fällen verschlüsselt vaterländische Bekenntnisse bergen: «Gräber gefallener Freiheitskrieger», 1812, «Der Chasseur im Walde», 1813/14, «Das Grab des Arminius», 1813/14. Die Werke waren 1814 in der vom Fürsten Repnin veranstalteten Ausstellung patriotischer Kunst zu sehen und belegen, wie stark Friedrichs persönliches Engagement für die nationale Befreiungsbewegung war. Auch zahlreiche sauber durchgezeichnete Entwürfe für Denkmäler der Gefallenen hat der Künstler in dieser Zeit geschaffen.

Im Hochsommer des Jahres 1815 stattete Caspar David Friedrich seiner Heimat wiederum einen längeren Besuch ab. Diesmal begleitete ihn der Münzmeister Kummer aus Dresden bei seinen Wanderungen auf der Insel Rügen. Nach diesem Reiseerlebnis hat der Künstler in Dresden eine größere Anzahl von Bildern gemalt, die vor allem seine Vaterstadt Greifswald und die Ruine Eldena darstellen. Sowohl diese Gemälde als auch diejenigen mit Motiven der Gegend um Dresden oder des Hochgebirges sind ein nationales Bekenntnis des Malers, der seine deutsche Heimat bewußt in den Mittelpunkt seiner Arbeit stellte. Wenn er im Vordergrund der Bilder eine oder mehrere

11

Rückenfiguren erscheinen läßt, so sind diese nicht etwa als bloße Staffage zu verstehen, sondern sie wirken wie eine Aufforderung an den Betrachter, an diesem Erlebnis der heimatlichen Landschaft und der Erhabenheit der Natur teilzunehmen.

Im Jahre 1816 wurde Caspar David Friedrich zum Mitglied der Dresdener Akademie der Künste ernannt. Dadurch war ihm ein Existenzminimum gesichert, so daß ihm ein Schritt möglich wurde, von dem seine Freunde mit größtem Staunen erfuhren: Er ließ sich im Januar des Jahres 1818 in der Kreuzkirche mit Caroline Bommer, einem schlichten Bürgermädchen, trauen. Noch im Juli stellte Friedrich seine junge Frau den Verwandten in Greifswald vor. Sie alle vereinigt findet man auf dem Aquarellbild «Der Greifswalder Marktplatz», um 1818. Auf den kleinen Ausflügen und Reisen in die nähere und weitere Umgebung begleitete ihn wie immer sein Skizzenbuch. Am 4. August begab sich der Maler mit Caroline, dem Tischler Christian Friedrich und dessen Frau nach Stralsund, wo die Brüder wegen eines gemeinsamen Auftrages für die Umgestaltung der Inneneinrichtung der Marienkirche beim Rat der Stadt Besprechungen zu führen hatten. Nach wenigen Tagen reiste man nach Rügen weiter und blieb auf Stubbenkammer und Jasmund, von wo die Rückkehr über Wittow erfolgte. Bildnotizen dieser Schiffsfahrt lassen vermuten, daß hier die Idee zu dem heute in Leningrad befindlichen Gemälde «Auf dem Segler» (um 1819) festere Formen angenommen hat.

Wenn man Caspar David Friedrich auch bewußt von einer Einwirkung auf Schüler der Dresdener Akademie fernhielt, so hatte er dennoch eine Zeitlang als Lehrer größeren Einfluß, etwa auf Wilhelm Bommer, Georg Crola, Ernst Ferdinand Oehme, Carl Wilhelm Götzloff und Karl Wilhelm Lieber. Auch suchten seine Freunde Carus und Dahl seit dem Jahre 1818 bei ihm Rat und Hilfe, ebenso sein begabtester, schon 1822 verstorbener Schüler August Heinrich. Später kamen auch noch Albert Kirchner, Gustav Grunewald und Robert Kummer zu ihm. Carus und Heinrich haben sein Anliegen wohl am besten verstanden.

Neben den norddeutschen Landschaften und Seebildern schuf Friedrich während der Jahre 1815 bis 1825 jene Gemälde, mit denen er auf die Gefahren der Restauration hinzuweisen suchte. So verdient in diesem Zusammenhang das Weimarer Bild «Huttens Grab», 1824, besondere Erwähnung. Friedrich stellte es «zu wiederholten Malen aus», wie es in einer zeitgenössischen Kritik heißt, die ihm dann mißbilligend den Rat erteilt, das doch lieber zu unterlassen. Man hatte also sehr wohl verstanden, daß der Maler mit der Inschrift «Görres» auf der Tumba die preußische Reaktion treffen wollte, vor welcher der Schriftsteller im Jahre 1821 emigrieren mußte.

In dieser Zeit begann Friedrich sich zurückzuziehen – «durch gemachte bittere Erfahrungen» belehrt, wie er selbst schreibt. Angriffe, die vor allem gegen seine Kunst gerichtet waren, verschlimmerten seinen ohnehin labilen Gesundheitszustand. Depressionen, Rheumatismus und Schlaganfälle waren Begleiterscheinungen der letzten Lebensjahre. Wenn er nun auch nicht mehr größere Reisen unternehmen konnte, so pflegte er doch gern mit einem vertrauten Freund in den Gärten und Vororten Dresdens zu spazieren und sich dabei zu unterhalten. Mit den «Neun Briefen über Landschaftsmalerei», 1831, hat Carl Gustav Carus kunsttheoretische Dokumente hinterlassen, die wahrscheinlich in den ersten Traktaten zum Teil auf Anregungen Friedrichs zurückgehen.

Viele seiner Ölbilder hat Friedrich unmittelbar nach dem Naturerlebnis im Atelier gemalt. Andere wiederum zeigen, daß er erst nach jahrelanger Pause an die Gestaltung des einmal skizzenhaft festgelegten Motivs gegangen ist oder erneut die Arbeit an einem Gemälde aufgenommen haben muß. Gelegentlich bekam er auch den Auftrag, ganz bestimmte Landschaften zu malen, die der Besteller an Hand von Zeichnungen ausgesucht haben mochte oder aber aus der Erinnerung an ein einmal gesehenes, jedoch bereits anderweitig veräußertes Bild verlangte. Das geht unter anderem auch aus dem Briefwechsel Friedrichs mit dem Halberstädter Literaturwissenschaftler Dr. Körte und mit dem russischen Dichter Shukowski hervor. Dieser Freund Friedrichs, Staatsrat am Zarenhofe, hat durch seine Vermittlung dafür gesorgt, daß einige Bilder vom Zaren erworben wurden und des Künstlers Familie nach dessen Tod eine Unterstützung erhielt.

1826 war Caspar David Friedrich noch ein letztes Mal in seiner Heimat. Er suchte in den Kreide- und Solbädern von Saßnitz Linderung des Leidens, ohne sie zu finden. Friedrich zeichnete hier eine Anzahl von Inselmotiven, die er in Spätwerken noch verarbeiten konnte. Selbst in jenen Jahren der Zurückgezogenheit, als er nur noch innerhalb der eigenen Familie lebte, nahm er nicht einmal Gelegenheit, ein Bildnis seiner Frau oder seiner Kinder zu malen. Wohl begegnen sie uns auf solchen Gemälden wie «Frau am Fenster», 1822, oder «Frau, in die Speisekammer gehend», um 1825, sowie in den «Lebensstufen», um 1835, jedoch tragen die Gestalten niemals porträthafte Züge, ja in den meisten Fällen sind sie vom Betrachter abgewandt. Friedrich hat es vermieden, Bildnisse zu malen. Nur aus seiner Frühzeit sind einige Zeichnungen des Vaters und der Geschwister bekannt, die – wie die sechs erhaltenen Selbstporträts – ahnen lassen, daß ihm die Beschäftigung mit diesem Fach nicht so wichtig erschien, ja daß ihm, wenn überhaupt, die Auseinandersetzung mit dem eigenen Bildnis am nächsten liegen mußte. Das Selbstbildnis in der Berliner Nationalgalerie offenbart seinen kraftvollen, aber zur Melancholie neigenden Charakter. Die genaue zeichnerische, ohne jede Eitelkeit erfolgte Selbstbeobachtung stimmt mit der Beschreibung seines Antlitzes durch Gotthilf Heinrich von Schubert überein: «Es war keineswegs das, was man schön nennt, ziemlich bleich und mager, aber jeder Muskel desselben, auch wenn er sich nicht bewegte, stellte einen kräftigen Charakterzug dar ... Der schwermütige Ernst, der sich in den Zügen der Stirne kundgab, wurde schon durch den kindlich-treuherzigen Blick der blauen Augen gemildert; über dem Munde schwebte ein leichter Zug des Scherzes.»

Mit großem Interesse verfolgte der Künstler noch die um 1830 aufflackernden revolutionären Kämpfe. Auch die Entwicklung der Malerei in diesen Jahren entging ihm nicht; denn Ausstellungsbesuche und die kritische Betrachtung des Dargebotenen beschäftigten ihn stark und fanden ihren Niederschlag in einem Teil der hier vorgelegten Schriften. Im Jahre 1835 lähmte ihn ein Schlaganfall nahezu vollständig. Erst das Baden in den «warmen Quellen» von Teplitz, die er bald danach aufsuchte, stellte ihn soweit wieder her, daß er etwas zeichnen konnte, was ihm später Mut gab, noch ein großes Gemälde des böhmischen Landes zu beginnen. Es blieb jedoch unvollendet im Atelier zurück und wurde von seinem Freund und Hausgenossen Dahl erhalten. Dahl schrieb in seinem Nekrolog: «Caspar David Friedrich ist keineswegs ein Liebling des Glücks gewesen, und es erging ihm, wie es oft den tiefsten Naturen in ihrem Leben ergeht, sie werden von wenigen richtig verstanden und von den meisten falsch.»

Das treue Bemühen seiner langjährigen Freunde Johann Christian Claussen Dahl und Carl Gustav Carus bewahrte den Maler noch einige Zeit vor dem völligen Vergessenwerden. Jedoch schon am Ende des vorigen Jahrhunderts war er nicht nur dem Kunstpublikum, sondern auch der deutschen Kunstwissenschaft unbekannt. Erst die Pionierarbeit des Norwegers Andreas Aubert rückte Friedrichs Werk wieder in das Licht der Öffentlichkeit und bewirkte, daß es seit der Berliner Jahrhundertausstellung von 1906, die der deutschen Kunst zwischen 1775 und 1875 gewidmet war, gewürdigt und erforscht wird. Aubert schrieb: «Sein eigenes Land, sein eigenes Gewissen, das ist's, was Friedrich wollte. Deutschland hatte keinen unabhängigeren und selbständigeren Künstler.»

Aus dem Briefwechsel Caspar David Friedrichs mit seinen Verwandten und Freunden

Selbstbildnis. Holzschnitt. Um 1803
Nach einer Zeichnung um 1802

Heinrich an Caspar David Friedrich

Mein lieber Bruder!   Greifswald, den 9. November 1808
Die langweilige Schreiberei von hier nach Gotha und auch
etwas meine Nachlässigkeit sind schuld daran, daß Du
nicht eher Nachricht von mir erhieltest. Ich werde nicht
nach Gotha reisen, die guten Aussichten haben sich dort
getrübt, und ich werde den Spruch «Bleibe im Lande» be-
folgen müssen. Hätt' ich dies gewußt, wie ich aus Gotha
ging, wär' ich gerade auf Dresden losgesteuert, nun aber ist
alle Hoffnung weg, Dich anders als in Greifswald zu sprechen.

Wo mag Christian sein? Er hat auf den Brief durch Dich
nichts von sich hören lassen; vielleicht ist er gar nicht mehr
in München. Was mag dem Jungen wohl fehlen? Seine Gedanken scheinen in etwas verwirrt zu sein, wo sie ihm nicht
wieder heraus zu helfen wissen, er dauert mich recht. In
Wiesbaden erwartete ich ihn mit solcher Unruhe, daß ich
nur an ihn denken und von ihm sprechen konnte, auf jedem Spaziergang glaubte ich ihn zu treffen, und wenn ich
zu Hause kam, frug ich: Ist mein Bruder noch nicht
hier? – Wir sollten uns nicht treffen. Ja, lieber Caspar, der
Glaube: wir sollen uns nicht treffen, hat mich in Wiesbaden oft wehmütig gemacht. Es mußte mich wehmütig machen, stelle dich in meine Lage und beherzige folgende
Worte, die ich aus der Fülle meines Herzens mit wirkli-
chem Gefühl einst selbst geschrieben habe, sie gehören zu
einer großen Reimerei, die ich mal gemacht habe:

«Und statt mich Dir in meine Arme zu ersehnen,
wünsch' ich, daß ich Dich nimmer sehe, ich zittre nur in
Deiner Nähe.»

Ich bin Christian von jeher außerordentlich gut gewesen,
aber ich befürchte, töricht gut, denn immer hab' ich in allen Stücken mich weit gegen ihn zurückgesetzt. Meine
Liebe zu ihm hat ihn mir im Wachen und Träumen zu

meinem Tyrannen gemacht. Ein bedeutender Blick von ihm im Traume zerstört in mir die lebhafteste Freude des Wiedersehens, ich zittre und schäme mich vor ihm. Ein unglückliches Mißdeuten in unsern Kinderjahren ist die zuverlässige Quelle dieses Übels, ich kenne sie und sehe meine Torheit, ich arbeite dawider, aber ehe es noch mal den Schein annimmt, den Gang zu bessern, so wirft ein Blick von Christian, den ich im Traume sehe, alles übern Haufen. Die Liebe zur Wahrheit wurzelt sich fest im Herzen, ich glaubte als Kind auch eine Wahrheit zu sehn, ich ahnte zwar vieles, sehr vieles dawider, mein Verstand sträubte sich dagegen, allein die Liebe zu Christian, ich möchte sagen, der blinde Glaube für die Echtheit eines sprechenden Blicks von ihm, bürdete diese unglückliche Unwahrheit als Wahrheit mir auf.

den 13. November
Wie froh ich bin, lieber Junge, daß dieser Brief am vorigen Posttage nicht fertig geworden ist. Dein Bildnis, oh, wie hab' ich mich dazu gefreut und wie freu' ich mich dazu. Wie ähnlich, nichts wüßt' ich dran auszusetzen, jedes Härchen hat seinen Platz, Bruder, ich wollte durch die Decke fahren, wie ich Dich sah', alle Menschen die's sahen, stutzen und rufen: «Zü.» – Nun hab' ich Dich zweimal, zweimal hab' ich Dich, lieber Junge, einmal im Herzen und dies, in Gold gefaßt, oben drauf, und das sind zweimal. Ich küsse Dich und danke dafür, so wie ich Dich jederzeit ehre und liebe. Grüße den Verfertiger, ich danke ihm, daß er mir meinen Bruder gab.

Dein Backenbart ist wert, daß er besungen wird, meiner ward in Wiesbaden auch besungen.

Unserm Herrn Schwager hab' ich bei meiner Zuhausekunft recht grade ins Gesicht gesagt, daß er ein niederträchtiger Schurke sei, die Fäuste wurden vor seiner Nase geballt, und wär' er zu seinem Glücke nicht etwas krank gewesen, hätt' ich ihm die Ohren so lausen wollen, daß er zeitlebens an mich hätte denken sollen. Höre, der Elende kommt bei meiner Abwesenheit, borgt von Vater für seinen Edelmann eine für uns ansehnliche Summe Geldes, ich erfahre dies, sowie ich in Gotha war, wie ich nach Brandenburg komme und mich näher nach der Geldanleihe erkundige, dünkt mir alles, was ich davon höre, so widersinnig zu sein, daß ich den Schluß mache, der Schurke habe bloß das Geld geliehen, damit Vater, Adolf und ich ihn nicht *betrügen* sollen. Ich schrie und weinte und heulte, wie dieser Gedanke in mir sich zu bestätigen schien, unwillkürlich streckten sich meine Fäuste nach dem Schurken hin. Verfluchter Gedanke, meinen Vater für einen Betrüger zu halten, für einen Betrüger Adolf und mich, und das von einem solchen geldgierigen Buben, von einem Menschen, von dem ich vor Gott und Menschen *Achtung* fordern kann, und der sie mir auch schuldig ist, und Gott weiß es, ich habe sie auch von ihm verdient.

Ich reiste zu ihm, hörte seine ganze Scheingerechtigkeit mit an, antwortete frei, aber bitter, doch ohne aufzubrausen. Wie er ganz fertig war, forderte ich trotzig Rede und Antwort, und er fing an auszuweichen, ich forderte immer trotziger und ward am Ende stolz, daß ich nicht wörtlich die Schurkerei aus seinem Munde hören mochte. Das übrige weißt Du. Vorgestern kam ein Brief von ihm an Adolf. Abscheu muß der Brief in jedes Menschen Gesicht erwecken. Geldbegierde mit einem Anstrich von Güte und Frömmigkeit verpesten ...

Caspar David Friedrich an Christian

Lieber guter Bruder!   Dresden, den 24. November 1808
Vorgestern abends spät erhielt ich Deinen Brief, und als ich gedruckt LYON auf der Anschrift las und Deine Hand erkannte, grollte es mir im Herzen, und um mir nicht die Nacht zu verderben, las ich Deinen Brief erst gestern. Du fühlest es selbst, daß es nicht recht ist, daß Du als Teutscher in Frankreich bist, und das tröstet mich noch einiger-

maßen, denn sonst würde ich ganz an deiner Teutschheit zweifeln. Indes grollt es mich so sehr, lieber guter Junge, daß ich Dich bitten muß, solange Du in Frankreich bist, *nicht* mehr an mich zu schreiben; aber sobald Du Frankreichs Grenze wieder überschritten und in einem andern Lande bist, so bitte ich Dich dringend, lasse mich wissen, wo Du bist, und wie's Dir gehet. Hast Du meinen Brief, den ich nach München geschickt, erhalten; es war ein Brief von Heinrich mit eingeschlossen, worin er seine glückliche Zurückkunft aus Wiesbaden uns meldet, und seine Unterredung, so er mit Sponholz gehabt, uns mitteilte? Ich kann nicht unterlassen, Dir beifolgenden Brief von Heinrich zu schicken, den Schluß, so auf einem andern Blatte steht, fügte ich hinzu: «die Weiße des Papiers». Ich fühle ordentlich einen Abscheu, Dir Stellen daraus anzuführen. Vater zerraufte seine Haare darüber und fühlt sich sehr unglücklich, seit er den Brief gelesen hat. Sei deshalb aber unbesorgt, Gott sei Dank, er hat manches in der Welt, woran er sich trösten kann, und die Freude blitzt ihm aus den Augen, wenn er Dein Bildnis sieht. (Zum Schluß sagt Heinrich noch: «Ich habe dem Schwager schon geantwortet, und heute schreibt Adolf ihm auch.») – Wenn Du nach Paris kommen solltest, so erkundige Dich nach dem Herrn von Klinkowström; auf der dortigen Maler-Akademie wirst Du ihn erfragen können, und grüße ihn von mir, und sag ihm, daß Herr Bremer und Herr Baron von Schiemann auch in Paris sind.

Unsere Schwester ist den ganzen Sommer sehr krank gewesen und ist es vielleicht noch, auch Sponholz ist acht Wochen krank gewesen. Doch ich will den Brief unserer Schwester mit beifügen. Lina ist gegenwärtig in Brandenburg des Unterrichts wegen. Nach der letzten Nachricht von Hans, so befindet er sich ganz wohl mit Weib und Kindern. Ich bin gesund und habe seit einiger Zeit verschiedenes von meinen Arbeiten verkauft und meine Umstände haben sich gebessert.

Soeben hatte ich einen Besuch von Erbprinzen von Weimar, er war, wie's sich gehört, sehr artig.

Das Gerücht geht hier sehr stark, daß er verliebt sein soll, versteht sich, in ein Mädchen.

Wenn ich mir bis zum Frühjahr könnte 400 bis 500 Taler verdienen, so ginge ich in die Schweiz, das müßte nun freilich etwas wunderlich kommen, indes es könnte sich doch fügen. Wie herrlich wäre es, wenn ich Dich dort treffe. Meine Schulden, so ich jetzt habe, sind ganz unbedeutend, und mit Kleidungsstücken bin ich auch versehen. Zu Weihnachten denke ich 200 Taler anzunehmen für ein Bild, was jetzt bald fertig ist. Auch erwarte ich in diesen Tagen Geld, vielleicht 20 Taler, vielleicht 80 Taler, vielleicht gar nichts. Das letzte vielleicht würde freilich nicht zur Beförderung der Reise beitragen. Die ganze Sache ist überhaupt noch ins Weite.

Gott erhalt Dich gesund, und kehre bald wieder aus Frankreich zurück.   Dein Bruder Caspar

Caspar David Friedrich an Heinrich

Lieber guter Heinrich!   Dresden [1814]
Endlich seh ich mich doch genötigt, den Schritt zu tun, wogegen ich mich so lange gesträubt. Das Glück scheint mich ganz verlassen zu haben, oder soll ich meine bedrängte Lage bloß auf Rechnung der Zeit schieben? Grund und Lust es zu glauben, hab' ich wohl; denn vielen andern meinesgleichen geht es nicht besser als mir, und so bliebe mir doch eher die Hoffnung, daß es sich ändern und bessern werde. Die Ursache meiner gegenwärtigen bedeutenden Schuld, so sich auf 300 Taler beläuft, ist Dir nicht unbekannt; es gereut mich keineswegs, dient im Gegenteil zu meiner Beruhigung. Nichtsdestoweniger bleibt meine gegenwärtige Lage drückend, und sie abzuwälzen, ist Pflicht gegen mich selbst und jene, so ich schulde. Wie nieder-

schlagend es für mich ist, die Last auf keine andre Weise loswerden zu können, als sie dem geliebten Bruder aufbürden zu müssen, der ohnedies jetzt vom Schicksal so hart geschlagen, wirst Du fühlen, der Du mein Herz und meine Liebe kennst. Glaube aber keineswegs, daß ich bestürmt werde von denen, so ich schulde, nein, sondern man hat mir im Gegenteil geraten, diesen Brief noch eine Weile anstehen zu lassen und erst den Ausgang einer Sache abzuwarten, der vielleicht günstig für mich ausfallen könnte. Da ich aber weiß, daß im allergünstigsten Falle es doch nicht hinreichend wäre, so tue ich, was ich ungern tue. Ist es Dir aber nicht möglich, meine Bitte zu erfüllen, so werde deshalb nicht unruhig, sondern antworte mir, *so oder anders, bald* ...

Gott mit Dir und allen Guten. Dein Bruder C.

Caspar David Friedrich an Ernst Moritz Arndt

Dresden, den 12. März 1814

Hochgeschätzter Landsmann!

Ihren lieben Brief und die dabei erfolgten Zeichnungen habe ich erhalten. Ich wundere mich keineswegs, daß keine Denkmäler errichtet werden, weder die, so die große Sache des Volkes bezeichnen, noch die hochherzigen Taten einzelner deutscher Männer.

Solange wir Fürstenknechte bleiben, wird auch nie etwas Großes der Art geschehen. Wo das Volk keine Stimme hat, wird dem Volk auch nicht erlaubt, sich zu fühlen und zu ehren.

Ich beschäftige mich jetzt mit einem Bilde, wo auf dem freien Platz einer erdachten Stadt ein Denkmal aufgerichtet steht. Dieses Denkmal wollte ich für den edlen Scharnhorst bestimmen und Sie bitten, eine Inschrift zu machen. Viel über zwanzig Worte dürfte aber diese Inschrift wohl nicht lang sein, weil es mir sonst an Platz fehlt. Ich erwarte von Ihrer Güte die Gewährung meiner Bitte.

Ihr Landsmann Friedrich

Dresden, den 2. Mai 1814

Am rauschenden Wasserfall im Plau'nschen Grund hab ich
Ihren Brief gelesen ..., und ich bekam von all dem Kochen
und Braten das Sausen und Brausen Lust zu genießen.
Wenn doch im Augenblicke die Felsen zu Kuchen und
Braten geworden wären und das Wasser zu Wein; es wäre
gewiß eine neue Höhle entstanden und das tobende Wasser wäre zu einem rieselnden Bächlein geworden. Dann
hätte ich mich mit vollem Magen vor mein Werk hinge-
setzt und es verewigt. In diesem Augenblick stellt sich mir
alles so lebendig vor, daß ich versuchen muß, Ihnen einen
kleinen Entwurf davon zu geben.

(Kummers beide Brüder, der Soldat und Apotheker,
sind beide nach Paris abgereist. Daß der Doktor tot ist, wissen Sie wohl schon?) Von den ausgestellten Sachen kann
ich Ihnen nichts schreiben, denn ich bin fast gar nicht

Der Maler beim Zeichnen im Plauenschen Grund. 1814

oben gewesen. Soviel können Sie indes Kügelgen sagen, daß sein Bild, Sturz des Teufels, auf der Ausstellung ist, aber etwas beschädigt ...

Kummers habe ich Ihren Brief lesen lassen. Die Auguste bedauert sehr, daß Sie keinen Teil an Ihrem hiesigen Aufenthalt wird nehmen – sintemalen sie mit ihren Schwägern und Kindern in diesen Tagen nach Seifersdorf reisen werden, [um] den Sommer dort zu verleben.

Sagen Sie H.v.Kügelgen, daß ich noch zwei große Zeichnungen und einige kleine habe. Ich glaub aber die Herzogin hat sie schon alle gesehen, denn es sind dieselben, so einmal Ihr Herr Vater von hier nach Weimar nahm, Sie werden sich dessen wohl erinnern.

Für Kummern habe ich ein kleines Bild auf einer Dose gemalt, heute bin ich damit fertig geworden.

Ein anderes Bild ist auch bis auf weniges fertig. Es ist Dämmerung und eine düstere, schwere, stürmische Luft zieht über einen öden Sandfleck hin. Eine Schar Raben suchen ihre Ruhestatt ... Dieses Bild war etwas ganz anderes in der Anlage: Auf dem öden Sandfleck umher stehen Pfähle, woran Bretter gebunden vom Winde bewegt, alle mit der Inschrift: Vaterlandsverräter. Im mittelsten stach in einem großen Loch ein langer Pfahl, auf dem Pfahl ein Rad, auf dem Rade ein Mensch, an dessen Händen eine Tafel gebunden mit der Inschrift: Vaterlandsverräter. Ich gedachte an manche Bestie dabei, aber das Bild wurde mir doch zu ekelhaft, ich war nicht imstande es auszuführen.

Neulich wurde ich sehr angenehm überrascht: Der Doktor Volkmann besuchte mich mit seiner jungen Frau.

Kühn macht jetzt zwei Löwen, 4 Ellen groß, so am Eingang des Großen Gartens kommen sollen. Auch sind zwei andere Löwen von gleicher Größe bei Kühn bestellt, so an der Treppen zu liegen kommen, die jetzt von dem Platz bei der Brücke nach dem Brühlschen Garten hinaufgeführt wird.

Leben Sie wohl und kommen Sie bald zu uns.

Viele Grüße an Kügelgens –   Frdch

Caspar David Friedrich an Christian und Elisabeth

Lieber Bruder! Dresden, den 2.April 1816
Werde nicht des Teufels bei dem Holzschneiden; das ist
die hölzerne Arbeit nicht wert.

Du hast es wieder vergessen; denn wie Du in Dresden
warst, wußtest Du es, daß man kleine feine Sachen eigentlich in Buchsbaum schneidet.

Gestern besuchte ich Deinetwegen einen jungen Menschen, der in Holz schneidet und beiliegendes Blatt gemacht hat. Von ihm erfuhr ich, daß man auch in Buchsbaumholz stechen kann mit einem Grabstichel, wie die
Kupferstecher es machen, nur mit dem Unterschiede, daß
das, was der Holzschneider wegsticht oder schneidet, der
Kupferstecher gehen läßt. Beiliegendes Blatt ist ebenso ge-
stochen, auf Hirnholz, Holz nicht der Länge nach.

Borge Dir von Herrn Quistorp einige Grabstichel und
laß Dir gleich zeigen, wie man sie halten muß und wie man
sie schleifen muß; es gehört dazu ein harter Stein, und mache einen kleinen Versuch auf Buchsbaum-*Hirnholz,* und
Du wirst sehen, daß es keine Hexerei ist. Bloß wenn man in
Holz stechen will, ist es von Not, es auf Hirnholz zu machen, will man aber schneiden, wie es Gubitz macht, so geschieht es nach der Länge des Holzes. Beim Drucken wird
verfahren, soviel ich erfahre, wie bei der Buchstaben-
Druckerei. Wenn Du also etwas in die Druckerei schickst,
so bitte bloß darum, daß man die Farbe behutsam aufträgt,
das heißt nicht viel Farbe.

Professor Schildener hat viele Blätter, Holzschnitte von
Albrecht Dürer, so er Dir gewiß zum Anschauen borgen
wird.

Bitte Magister Finelius, daß er Dir ein kleines Köpfchen
aus Buchsbaumholz schneidet; aber sage ihm dabei, daß er
ganz schwarze Tusche nehmen muß, und schneide es, oder
versuche es einmal zu stechen, willst Du es stechen, so muß
es auf das Hirnholz gezeichnet sein, willst Du es schneiden,
auf das lange Holz. Beim Stechen mußt Du Dich nicht der

viereckigen Grabstichel bedienen, sondern der sogenannten Hochstichel. Auch mußt Du nicht jeden Zwischenraum mit einem Mal oder mit einem Stich wegzustechen glauben, sondern nach und nach.

Der die Zeichnung machte, die Du jetzt stichst, heißt *Hahn. Gubitz* schneidet all seine Sachen, wie ich gehört. Die Messer zu dieser Arbeit sind von Uhrfedern gemacht; wenn die Uhrfedern von rechter Härte sind, verstehst Du wohl, gelb-grün. Ich werde darauf bedacht sein, wenn ich die Zeichnung für Dich mache, daß es ein Viehstück wird; ob ein zweibeiniges oder ein vierbeiniges, wird die Zeit lehren.

Es wäre wohl gut, wenn Du beim Drucken zugegen wärest, um darauf zu sehen, daß der Ballen, womit die Farbe aufgetragen wird, ja recht straff ist, und die Farbe dicker, wie man sie gewöhnlich zum Drucken braucht, und nur wenig Farbe auf dem Ballen ist.

Sachen, so man will, daß sie weniger dunkel drucken sollen, wie zum Beispiel bei beiliegendem Blatt die Luft, schneidet man die ganze Fläche etwas tiefer, und also dem Drucke nicht so stark ausgesetzt sind. Man kann sich aber leichter und besser dadurch helfen, wenn man die Maschine, womit der Druck gegeben wird, gerade und genau die Stellen, wo es dunkel sein soll, ein oder mehrere Male mit Papier überklebt.

Das Papier, worauf der Druck kommen soll, muß nicht sehr naß sein.

Ich rate Dir weiter nicht zu, Dich [mit] dem Stechen in Holz mit dem Grabstichel abzugeben. Dein Bruder

An Frau Schänen!
Dank Dir, liebe Frau, für die dreizehn Buchstaben, so Du mir geschrieben, und den guten Willen, noch mehr schreiben zu wollen, denn das kann ich wohl voraussetzen, daß es Deine löbliche Absicht gewesen.

Grüße Deine Eltern und Geschwister von mir, lebe wohl und bleib gesund. C.D.Friedrich

Dresden, den 11. Juli 1816

Schneller und unerwarteter, als Sie es vielleicht geglaubt haben, erhalten Sie Antwort auf Ihren lieben Brief durch Herrn Faber. Eckersberg schickte mir Ihren Brief abends vor der Abreise zu. Ich suchte ihn auf, konnte aber nur wenig Worte mit ihm sprechen; er hatte die Gefälligkeit, für mich einige Briefe nach Kopenhagen mitzunehmen.

Dank für die freundliche Einladung, nach Rom zu kommen, aber ich gestehe frei, daß mein Sinn nie dahin getrachtet. Aber jetzt, da ich einige der Zeichenbücher des Herrn Faber durchblätterte, bin ich fast andern Sinnes worden. Ich kann mir es jetzt recht schön denken, nach Rom zu reisen und dort zu leben. Aber den Gedanken, von da wieder zurück nach Norden, könnte ich nicht ohne Schaudern denken; das hieße nach meiner Vorstellung soviel als sich selbst lebendig begraben. Stillezustehen lasse ich mir gefallen, ohne Murren, wenn es das Schicksal so will; aber rückwärtsgehen ist meiner Natur zuwider, dagegen empört sich mein ganzes Wesen. Ich bin eine Zeitlang faul gewesen und fühlte mich durchaus untüchtig, etwas zu machen. Von innen heraus wollte nichts fließen; der Brunnen war versiegt, ich war leer; von außen wollte mich nichts ansprechen, ich war stumpf, und so glaubte ich denn am besten zu tun, nichts zu tun. Was nützt uns am Ende das Arbeiten, wenn nichts damit gemacht ist; das Samenkorn muß eine lange Weile in der Erde liegen, wenn man sich von Erde was versprechen will.

Gehaben Sie sich wohl im milderen Himmelsstrich und unter erhabeneren Naturumgebungen, und grüßen Sie, so mit Ihnen gleiche Schätze der Natur und Kunst genießen, die Gebrüder Veit, Mardorf aus Dessau, Senf u. a. m., nur den Kammerherrn v. Ramdohr nicht. Die Vetter wird wohl auch schreiben. Gott befohlen!

C. D. Friedrich

Caspar David Friedrich an Christian

Lieber Bruder! [1817]
Ob Du überhaupt Anteil an dem Bau der Kirche zu Stralsund nehmen wolltest, war es, was ich fürs erste von Dir wissen wollte. Und es ist mir lieb, daß Du Dich bereitwillig dazu findest. – Die Einladung ist bereits vom Rate der Stadt Stralsund geschehen, und darauf erfolgen versprochenermaßen die Zeichnungen, zuerst an Dich, und Du mußt dem Rate das Postgeld berechnen und die Mühe, einen etwaigen Überschlag zu machen, falls Du Dich dazu verstehen wirst, wie ich kaum glaube. Und nun, oder dann erst, wenn die Zeichnungen dem Rate gefallen sollten, muß sich die Obrigkeit mit Dir schriftlich gerichtlich erst festsetzen, ehe sie sich an mich wenden. Wie könnte ich aber verlangen, daß Du eine Forderung für eine Mühe machen solltest, so Du gar nicht kanntest. Und jetzt, da Du die Zeichnungen vor Augen hast, wird es Dir vielleicht ebenso unmöglich sein. Nach meiner Meinung gingest Du am sichersten, wenn Du Dir die Zeit, so Du zur Ausführung der Zeichnung gebrauchtest, bezahlen ließest, etwa den Tag oder die Woche soundsoviel. Die Modelle und die Menge von Brettern besonders bezahlen. Doch das ist Deine Sache. Nur darauf geht meine Liebe zu Dir *durchaus nicht* ein, daß Du Dir den Lohn Deiner Mühe von dem Tischleramt zu Stralsund willst bestimmen lassen. Denn einer solchen Arbeit sieht kein Mensch die Mühe an, so sie gemacht, und überdies kann ja manche Arbeit drei-, viermal geändert werden, ehe sie nach Willen ist.

Falls die Zeichnungen dem Rate gefallen sollten, so bestehe ich durchaus darauf, daß Du mit dem Rate eine andere Bedingung eingehest, wo Du mehr gesichert bist. Du müßtest aber die geänderte einzugehende Bedingung zuvor von einem Rechtsgelehrten durchsehen lassen (vom Professor Schildener), ob auch alles seine Richtigkeit habe. Ich würde, wenn es dahin käme, hier ein Gleiches tun; denn ich traue keiner Obrigkeit übern Weg.

Du nennest meine Schrift eckigt, und Du hast recht. Wisse aber: wer Steine bearbeiten will, muß gehärteten Stahl nehmen. Und hüte Dich, dieser kalten, herzlosen Menschenart ein Herz zu zeigen, umziehe es mit einer Eisrinde gegen sie, doch nur gegen sie. Lade meinen Lehrer und den Professor Schildener ein, die Zeichnungen zu sehen.

Daß ich Dich eine Beize gelehrt, davon weiß ich kein Wort. Schreibe mir aber bei erster Gelegenheit, woran es Dir gebricht, sie machen zu können, ich kann es Dir vielleicht schaffen. Das Bild gehört Adolf, mache also zwei Bretter, wozwischen Du die Zeichnungen legst, wenn sie nach Stralsund geschickt werden, und umschlage sie wieder mit Wachstuch.

Caspar David Friedrich an seine Verwandten in Greifswald

Dresden, den 28. Januar 1818

Meinen Brüdern, Verwandten und Bekannten sei hiermit kund und zu wissen getan, daß ich den 21. Januar früh um die sechste Stunde in der hiesigen Kreuzkirche mit Caroline Bommer bin getraut worden; also acht Tage schon Ehemann. Einige Stunden nach der Trauung ging ich nach Hause in der Absicht, an Euch zu schreiben, wurde aber daran gehindert. Und so sind ganze acht Tage vergangen, und es ist immer nicht geschehen. Wenn ich gleich seit dem Tage meiner Trauung mich schuldig fühle, an Euch schreiben zu müssen und Euch davon zu benachrichtigen, so haben wir doch schon längst auf Briefe von Euch gewartet, und meine Frau fängt bereits an, unruhig zu werden und hat mich zu wiederholten Malen erinnert zu schreiben; denn auch sie will schreiben, um mit ihren neuen Brüdern bekannter zu werden.

Es ist doch ein schnurrig Ding, wenn man eine Frau hat; schnurrig ist es, wenn man eine Wirtschaft hat, sei sie auch noch so klein; schnurrig ist mir's, wenn meine Frau mich mittags zu Tisch zu kommen einladet. Und endlich ist es schnurrig, wenn ich jetzt des Abends fein zu Hause bleibe, und nicht wie sonst im Freien umherlaufe. Auch ist es mir gar schnurrig, daß alles, was ich jetzt unternehme, immer mit Rücksicht auf meine Frau geschieht und geschehen muß. Schlage ich nur einen Nagel in die Wand, so darf er nicht so hoch sein, als ich langen kann, sondern nur so hoch, als meine Frau mit Bequemlichkeit langen kann. Kurz, seit sich das Ich in Wir verwandelt, ist gar manches anders geworden. Es wird mehr gegessen, mehr getrunken, mehr geschlafen, mehr gelacht, mehr geschäkert, mehr gelepscht. Auch mehr Geld ausgegeben, und vielleicht werden wir künftig an Sorgen auch keinen Mangel haben; doch wie es Gott gefällt, der Wille des Herrn geschehe. Vieles und mancherlei hat sich geändert, seit ich eine Frau habe. Meine alte, einfache häusliche Einrichtung ist in manchem nicht mehr zu erkennen, und es ist mir lieb, daß es jetzt sauberer und netter bei mir aussieht. Nur in dem Raum, so ich zu meiner Beschäftigung gebrauche, bleibt alles beim alten. Übrigens sind Vorhänge vor den Fenstern nötig geworden. Nötig geworden sind: Kaffeetrommel, Kaffeemühle, Kaffeetrichter, Kaffeesack, Kaffeekanne, Kaffeetasse; alles, alles ist nötig geworden. Töpfe und Töpfchen, Schüssel und Schüsselchen, Tiegel und Tiegelchen; alles, alles ist nötig geworden. Alles hat sich geändert; sonst war mein Spucknapf überall in meinem Zimmer, jetzt bin ich angewiesen, in kleine, dazu eingerichtete Geschirre zu spucken; meine Liebe zur Reinlichkeit und Nettigkeit fügt sich gern mit Freuden darein. Der längst bestellte Schreibpult ist fertig und mit möglichster Sauberkeit gearbeitet, er kostet 56 Taler und an demselben Tag und Stunde, als ich ihn erhielt, verkaufte ich zwei Bilder, wovon ich das eine Bild dem Käufer als ein verfehltes, mithin verdorbenes Bild zeigte, für 19 Louisdor. Eine Einnahme, die mich um so mehr freute, da die Ausgabe von 56 mir jetzt etwas unnötig schien; denn früher, als ich an

meine jetzige Frau dachte, hatte ich den Schreibpult bestellt.

Gott mit Euch, liebe Brüder, und Eure Weiber und Kinder und die gesamte Familie und alle Bekannte.

Euer Bruder
C. D. Friedrich

Caspar David Friedrich an den Rat der Stadt Stralsund, 1818

Auf Verlangen eines Hochweisen Rates zu Stralsund übersende ich beifolgende Zeichnungen zur Wiedereinrichtung
der St. Marienkirche.

Wenn ich gleich alle verlangten Risse erhalten habe, so
bin ich doch über manches noch im dunkeln, und es
könnte wohl sein, wenn ich an Ort und Stelle gewesen,
manches anders geordnet haben würde.

Ein Gebäude, so zu Gottes Verehrung bestimmt ist, muß
nach meiner Meinung möglichst einfach geordnet sein.
Der Eintretende muß mit einem Blicke das Ganze über-
schauen können, aber dieser eine Blick muß womöglich
Herz und Gemüt erheben und stimmen, vor dem sich zu
demütigen, der Herz und Nieren prüfet. Wenigstens der so
mit lauterem, reinem Herzen ins Gotteshaus tritt, muß
nicht durch eine widrige Anordnung und formlosen Aus-
putz und Überladungen in seiner Stimmung gestört werden. Ein Gebäude, wo man sich versammelt, sich vor Gott
zu demütigen, vor dem, bei dem kein Ansehen der Person
gilt, da müßte billig aller Unterschied der Stände aufhören,
und der Reiche muß wenigstens an diesem Orte fühlen,
daß er nicht mehr als der Arme ist, und der Arme müßte
den sichtbaren Trost haben, daß wir vor Gott alle gleich
sind ...

Diese wenigen Zeilen mögen genug sein zur Erläuterung
meiner Zeichnungen, und ich übersende sie hiermit einem

Hochweisen Rat zur Prüfung und Beurteilung und Vergleichung mit anderen eingereichten Zeichnungen.

C.D. Friedrich

Caspar David Friedrich an Heinrich

Lieber Heinrich!   Dresden, den 26. März 1818
Du hast mir und meiner Frau durch die zugeschickten Heringe eine wahrhaft größte Freude gemacht. Meine Frau versteht ohne alle weitere Anweisung die Heringe so gut zu schnabelieren, als wäre sie eine geborne Pommern und nicht eine geborne Bommern. Und vielleicht ist sie auch eine geborne Pommern, und etwa durch die Dummheit eines ihrer Vorfahren ist es gekommen, daß sie sich mit einem B statt eines P schreiben. Mein Weib denkt sich die Reise zu Euch und den Aufenthalt bei Euch als den vollendeten irdischen Himmel, und wenn sie einen Wagen rasch hinfahren sieht und sich in demselben sitzend denkt, quiekt sie laut vor Freuden. Sie denkt sich schon, wie sie die Fuhrleute bitten will, ihr die Zügel und Peitsche zu überlassen, um mit geschickter Hand kundig selber die Pferde zu lenken, auf gebahnter ebener Straße. Doch wenn ich ihr erzähle von der Reise von Greifswald nach Rügen, dann schaudert sie wohl zusammen; versteckt sich etwas unter meinem Mantel und spricht dann leise und furchtsam: Wo Du hingehest, gehe ich mit, und wenn Du in die See versinkest, versinke ich mit Dir. –

Das Bild, meine Malerstube, ist Dein, und Du kannst damit schalten und walten, wie Du willst. Ich erwarte aber von Dir, daß Du es nicht verkaufst. Es ist hier aber ein ähnliches Bild von Kersting zu haben, und zwar die Studierstube des berühmten Predigers Reinhard, wie er am Tisch sitzt und liest. Durch das Fenster sieht man die Felsen: Königstein, Lilienstein, Pfaffenstein, kurz die ganze Sächsische Schweiz in der Ferne.   Dein Bruder C.
Der Preis des Bildes ist 20 Dukaten.

Dresden, den 12. August 1819

Lieber guter Bruder Christian!

Ich habe mich von ganzem Herzen gefreut über die endliche Vollendung und so glückliche Beendigung des Holzschnittes. Du hast bei dieser Arbeit wie bei mehreren Deiner früheren Arbeiten dieser Art geleistet, was zu leisten möglich war. Du hast mit der möglichsten Treue die Zeichnung wiedergegeben, und jeder Strich steht mit der Freiheit und Leichtigkeit da, wie er aus der Feder des Zeichners geflossen. Dies ist nicht das alleinige Urteil Deines Bruders, sondern gleiche Gerechtigkeit lassen Dir alle Künstler, so ich es gezeigt, widerfahren. Professor v. Kügelgen, Professor Rößler, Professor Seyffert, der Kupferstecher Gottschick, der Bildhauer Kühn und andere mehr, so es gesehen, haben sich gefreut darüber. – Ich habe die Gelegenheit benützt, es bekannt zu machen, und auf die Ausstellung gegeben. – Da der Zeichner und Erfinder nicht mehr lebt, so wünschte ich, daß Du alles so unangerührt ließest, wie es eben ist; ich wenigsten getraue mich nicht einen Strich daran zu ändern. –

Sollten etwa bei geringerer Pressung die Abdrücke nicht auch gut kommen? Ich wünschte es aus dem Grunde, damit das weniger gepreßte Papier sich nicht so sehr um die Holzstriche herumlegen könnte und die Striche im Druck stärker wiedergebe, als sie wirklich geschnitten sind. – Kannst Du mir wohl gelegentlich einige Abdrücke auf geleimtem englischen Papier machen und zukommen lassen?

Solches Papier muß aber länger angefeuchtet liegen als das gewöhnliche Druckpapier, damit der Leim sich recht auflöst, ehe es gedruckt wird … Von der Frau Kummern hab ich erfahren, daß *Hahn* und *Freyberg* in Greifswald gewesen, wenn Freyberg jetzt nach Dresden kommen würde, ich wette, er würde an Stellen kommen, wo er Dresden gar nicht mehr kennen würde, so sehr hat es sich geändert, und

35

zwar zum Vorteil. Der Verschönerungsplan von Dresden ist indes noch lange nicht vollendet, und möchte auch wohl noch manches Jahr vergehen, ehe alles beendigt ist ...

den 30. August, abends um ¼ auf 12 Uhr
Endlich ist der lange schon erwartete Tag erschienen; diesen Abend um ¼ auf 10 Uhr brachte meine Lina ein kleines wohlgestaltetes Mägdlein zur Welt. Das Kind scheint gesund zu sein, denn es hat schon zwölfmal geniest. Die Mutter ist gesund. Noch diesen Abend um sieben Uhr strickte meine Frau. Die Wehen folgten schnell aufeinander und mochten wohl heftig sein, denn die Wöchnerin schrie einige Male so sehr, daß man es wohl auf der Gasse mag gehört haben. Dennoch lachte sie mich in den Zwischenräumen an und wollte mich trösten, statt ich sie. Wenn das Kind alleweil schliefe und nicht schrie, so würde die Mutter gewiß auch schlafen. Dreimal hat das Kind schon Saft bekommen. Dreimal hat die Kleine sich mit ihren kleinen Armen aus dem Bette frei gemacht. Soweit die Lebensgeschichte der Kleinen.

Du, mein *lieber Bruder Adolf*, bist hiemit von mir und meiner Frau zu Gevatter eingeladen, und mein Schwager wird an Deiner Statt stehen. Die anderen Gevattern sind: meine Schwiegermutter und die Frau des Oheims meiner Caroline. Alles wird auf das einfachste eingerichtet und in einer halben Stunde, denke ich, müssen die Gevattern schon wieder zum Hause hinaus sein.

Gott sei bei Euch allen und mit Euch allen.

Euer Bruder C.

Tue Finelius und Quistorp und wen ihr sonst noch glaubt, Kunde von der glücklichen Niederkunft meiner Frau geben. Herr Kummer und seine Gefährten sind seit vorgestern abends sieben Uhr wieder hier angekommen.

Caspar David Friedrich an Adolf

Lieber Adolf! Dresden, den 13. Mai 1820
... Auf Deine Frage, ob wir wohl zuweilen an die Pommeraner denken, kann ich Dir zur Antwort geben: Als ich neuerlich im Gespräch zu meiner Frau sagte, ohne jedoch es so eigentlich zu meinen: *«Nach Pommern kommen wir gewiß nie wieder»*, da fing meine Lina bitterlich an zu weinen und bat mich, doch nie so harte Worte auszusprechen, sie glaube zwar nicht, daß ich es so meine, aber ich solle auch nicht solche Worte einmal reden.

Daß Du grau wirst, laß Dir lieb sein, diese Farbe schmutzt am wenigsten, und [Du] ersparst, Dich zu waschen; wenn aber viele andere Menschen in Greifswald es würden, da könnte es nachteilig für deinen Seifhandel für Dich werden. Fürchtest Du Dich aber, dadurch in zu nahe Verwandtschaft mit dem verdächtigen verachteten Tiere zu kommen, so tröste Dich wiederum mit dem süßen schmeichelhaften Gedanken, dadurch gerade ein Mann nach dem Willen der Fürsten zu sein, so den Menschen gern wie diesen geduldigen Bestien alles aufbürden möchten und höchstens erlauben, ia-ia! schreien zu dürfen ...

Gott mit Euch und Gott mit uns, und Gott mit allem, was sich seines Daseins freuet. C.

Caspar David Friedrich an Heinrich

Lieber Heinrich! Dresden, den 13. Mai 1820
Die vielen Greueltaten, so hier in kurzer Zeit und vor kurzer Zeit verübt worden sind, werden Dir wohl zu Ohren gekommen sein. Jetzt haben die Mordereien und Diebereien doch nachgelassen, und die Bewohner Dresdens sind von den großen Schrecknissen wieder beruhigt. Diese Nacht sind wieder zwei Feuer gewesen in der Umgebung von Dresden; eins hab ich gesehen.

Diesen Winter hat mir der Pelz von Dir große Dienste

geleistet; schwerlich würde ich wohl jeden Morgen ohne diesen in der Frühe nüchtern einige Stunden bei 17, 18 und 20 Grad Kälte gelustwandelt sein. Einmal war ich doch in Gefahr, bei aller Wärme, so mir der Pelz gab, daß mir die Augenwimpern zusammenfrieren würden. Wenn ich nach Hause kam, war ich bereift, und das Eis fiel mir aus dem Bart und Pelze, so in der Gegend des Mundes gewesen. Es machte mir aber unendlich viel Freude, so eingemummelt dem Winter Trotz bieten zu können. Nur einmal hab' ich mich von der Kälte abschrecken lassen und bin zu Hause geblieben; nämlich den Morgen, als mir zuvor die Augen hatten zufrieren wollen.

Die aufs neue von Deiner Bruderliebe uns zugeflossenen Heringe sind köstlich und verdienen den schönsten Dank, den ich hiermit schuldigst und gern und freudig zolle.

Caspar David Friedrich an Christian

Lieber Bruder!   Dresden, den 22. August 1820
Ich freue mich Deiner Vaterfreuden. Du glücklicher Mensch. Gott erhalte Dir und den Deinen Leben, Gesundheit und frohen Sinn und ein dankbares frommes Herz gegen den Geber alles Guten.

Unsere kleine Emma ist ein lebhaftes munteres Ding, [ein] außerordentlich lebhaftes Kind. Ich bin in diesen Tagen so glücklich gewesen, mehrere Bilder zu verkaufen; der ganze Handel beträgt 68 Louisdor. Vorgestern abends fiel mir es bei, meinen Reichtum nachzuzählen, und da ergab es sich, daß ich 90 Louisdor hatte, die 68 Louisdor, so ich noch nicht in Händen habe, nicht mitgerechnet. Auch hab ich noch einiges Silbergeld liegen und 16 Louisdor an meinen Schwager verborgt. Was ich hier geschrieben, soll Dir und Euch, meine Brüder, überhaupt zur Beruhigung über meine gegenwärtige Lage dienen; hier erfordert's die Klugheit, es nicht wissen zu lassen, wie's mit meiner Kasse steht.

Den General Rühle hab' ich zwar nicht gebeten, Dich zu grüßen, aber es freut mich, daß er Dich besucht hat. Er hatte mir wohl geschrieben, daß er eine große Reise vorhabe, aber ich wußte nicht, daß er nach Greifswald kommen würde.

Da Holzschnitte eine ungeheure Anzahl Abdrücke geben, so sind die einzelnen Blätter immer in sehr geringem Preise, und Du könntest, glaube ich, wohl nicht über 4 bis 6 Groschen für einen Abdruck nehmen. Da Du in Greifswald wohl schwerlich Gelegenheit haben wirst, viel abzusetzen, und in der Menge Du nur einigen Ersatz für Deine viele Mühe haben kannst, so sollte ich meinen, wäre es geratener, den Vorschlag des Professor Mende anzunehmen, und auf diesem Wege würde Deine Arbeit best bekannt, denn sie verdient es …

Ich freue mich, daß Du so beschäftigt bist, vier Gesellen halten zu können. Ich bin jetzt auch recht hübsch beschäftigt; mehrere Bilder sind bei mir bestellt.

Gott mit Dir und den Deinen
Dein Bruder C.

Caspar David Friedrich an Adolf

Dresden, den 29. Dezember 1820

Alles ist stille um mich, ich bin allein daheim. Nur Du, mein lieber Bruder, bist in der mir so wohltuenden Stille im Geiste allein mein Gesellschafter. Weinen kann ich nicht mit Dir, aber ich fühle tief Deinen Verlust. Das gar so lange Ausbleiben irgendeiner Nachricht von Greifswald ließ uns diesmal mehr als sonst nichts Gutes ahnen, und wir waren auf ein Mißgeschick gefaßt. Daß es aber so drückend für Dich und die Deinen sein würde, hätten wir doch nicht geglaubt. Tränen, Klagen und Tröstungen willst und erwartest Du von mir nicht, denn sie, so heimgegangen sind zu ihren Vätern in die Gruft, denen ist wohl, und den Zurückgebliebenen muß bei aller Wehmut der Erinnerung an die Geschiedenen doch das beruhigen, daß der entkörperten Seele wohl ist, und die Hülle, der Staub dem Staube wiedergegeben. Hierbei fallen mir die Worte ein, so jedesmal in Dänemark der Geistliche bei Beerdigungen sagt, indem er drei Schaufeln Erde auf den eben eingesenkten Sarg wirft: *«Von Erde bist du gekommen; zu Erde sollst du werden und von der Erde wieder auferstehen.»* – Auferstehen! Auferstehen! Ewige Fortdauer unseres unsterblichen Geistes! Ich reiche Dir im Geiste meine Rechte, lieber Bruder, knie nieder und bete zu dem, der die Schicksale der Menschen lenket, und stehe getröstet wieder auf. Er wird alles zum besten hinausführen.

Ich wollte, daß meine Frau auch einige Zeilen an Dich schreiben sollte, aber sie spricht, es sei ihr nicht möglich.

Also zeigt Dein Karl fortwährend Lust zur Malerei? Ich bin der Überzeugung, daß Du seiner Neigung zu folgen nichts in den Weg legen wirst. Nennt man gleich die Malerei eine brotlose Kunst, viele sind doch, so dabei ihr Brot finden, und einige gar haben es in Fülle.

Daß Deine Geschäfte seit langer Zeit so unglücklich gegangen sind, betrübt mich. Das Schicksal hat Dir seine Schattenseite zugekehrt; wir wollen aber hoffen, daß es Dir bald wieder seine Lichtseite zuwenden möge.

Möge das bevorstehende Jahr glücklicher für Dich und die Deinen beginnen und enden als das bald beendigte und Euch und uns und allen in vollem Maße geben, was zu unserem zeitlichen und ewigen Frieden dienet.

Dein Bruder Caspar

Grüße gelegentlich: Quistorp, Finelius, Giese, Biesner, Praefke und was sich sonst noch meiner erinnert.

Caspar David Friedrich an Christian

Lieber Christian!   Dresden, im Januar 1822
… Endlich ist das Holz, so Du mir früher zugeschickt, bezeichnet. Herr Richter hat die Zeichnung ausgeführt nach einem Entwurf von Krafft (einem Altonaer), der Gegenstand ist *der Erlenkönig*, ein Gedicht von Goethe. Ich glaube überzeugt sein zu können, daß es Dir gefallen wird, um so mehr, da es mit großer Reinheit und Bestimmtheit ausgeführt ist. Ich warte auf eine günstige Gelegenheit, es Dir ohne Kosten zustellen zu können. Du wirst Dich erinnern, Euch geschrieben zu haben von einem Altar, so ich gezeichnet und in Leipzig ausgeführt ist. Der Tischler, so den Altar gemacht, versteht die Kunst, das Holz mit einer Masse zu überziehen, daß es vollkommen das Ansehen wie Stein bekommt. Jetzt hab ich auch eine Zeichnung zu einem Paar Leuchter auf dem Altar gemacht und bei dieser Gelegenheit etwas von der Arbeit des Tischlers gesehen und mich gefreut über die Sauberkeit derselben; man möchte schwören, es wäre Marmor. Ich habe es dem Vater Deines *Theodor* gezeigt, er glaubt hinter das Geheimnis zu kommen und wird sich um so mehr Mühe geben, da ich ihm sagte, daß ich es für Dich zu wissen wünschte. Als etwas Neues könnte es Dir vielleicht von Vorteil sein.

Wie weit bist Du mit Deinem Christus vorgerückt? Lasse mir, sobald er vollendet ist, einen Abdruck zukommen.

Erhalte mir Deine Liebe und bleibe mir gut und grüße die Deinen, auch andere ehrliche Leute gelegentlich von Deinem Dich liebenden Bruder   C.

Caspar David Friedrich an seine Frau Caroline

                                   Dresden, den 10. Juli 1822
Wenn ich Dir alles und jedes genau und umständlich beschreiben wollte, was den lieben langen Tag hindurch um

mich her geschehe und gesprochen würde, wie Du es getan, liebe Line, dann erhieltest Du einen großen Bogen unbeschriebenes Papier als Brief von mir. Alles ist Stille – Stille – Stille um mich her; diese Stille tut mir zwar wohl, aber immer möchte ich sie nicht in einem so hohen Grade um mich haben. Allein genieße ich mein Frühstück (Wilhelm trinkt seit einigen Tagen Tee zu Hause), allein verzehre ich mein Mittagessen, allein mein Abendbrot. – Ich gehe aus einer Stube, aus einer Kammer in die andere allein und immer allein; es tut mir wohl, aber immer möchte ich es nicht so haben. Die Abende gehe ich aus über Feld und Flur, den blauen Himmel über mir, um und neben mir grüne Saat, grüne Bäume, und bin nicht allein; der, so Himmel und Erde schuf, ist um mich, und seine Liebe stützet mich und seine Liebe stütze Dich und Euch alle im Dörfchen.

Als das Wetter am Sonnabend aufzog, war ich recht besorgt um Dich, habe mich aber gefreut, daß ihr es auf dem Schiffe so glücklich und ohne große Angst überstanden habt.

Im großen Garten ist ein nicht unbedeutender Fleck Gras weggebrannt, nicht etwa von der Sonne, sondern vom Feuer; von Strählen ist man mit Spritzen gekommen, um es zu löschen. Ich bin gesund und guter Dinge, sei Du es auch und bade Dich und die Emma fleißig und schreibe bald und oft. Unsere Tauben brüten fleißig, jedoch weniger das Weibchen als das Männchen. Heute ist das Bier gekommen, und die Waschfrau ist dagewesen.

Bald hätte ich die Hauptsache vergessen. Zu Deinem Geburtstage werde ich nicht in Meißen sein, und die Sandtörtchen wollen wir lieber zu einer anderen Zeit aufschieben. Die Natur bietet jetzt so viele Leckereien dar, daß man, wie ich glaube, füglich die gekünstelten Leckereien entbehren kann, die ohnedies nur den Magen verderben.

Das erste, was ich diesen Morgen getan habe, ist: daß ich
einen jungen angehenden Menschenquäler, einen Floh, er-
mordet habe. – Unser Wirt, den ich gestern besucht, leidet
noch immer an den Augen. – v. Kügelgens reisen diesen
Morgen in aller Stille, ohne von jemandem Abschied nehmen zu wollen, von hier. – In der Nähe vom Rampischen
Schlag haben Schnitter in diesen Tagen einen nackten er-
schlagenen Menschen gefunden im Getreide. –

Eben ist Herr Uhlemann hier gewesen und hat ein Los
der Gothaischen Lotterie gebracht; es ist bereits die vierte
Ziehung – welch eine Nachlässigkeit!

Caspar David Friedrich an seine Frau Caroline

Liebe Line! Dresden, den 12. Juli 1822
Gestern und heute habe ich wacker darauflosgepinselt an
meinem großen Bilde, und dieses ist der Grund, Dich nicht
auf den Sonntag besuchen zu können. Da ich Dich nicht in
Person besuchen kann, liebe Line, so nimm meinen Glück-
wunsch schriftlich an: Der Himmel gebe Dir, was zu Deinem Frieden dienet; in diesem Wunsche ist alles begriffen,
das Dir dienlich ist und gut; dahin zähle ich aber keine
Sandtörtchen, keine Spitzenhauben, keine Grodtenebel-
kleider und dergleichen. Sei aber nicht traurig, daß Du für
dieses Mal keine Leckereien erhältst; sondern tröste Dich
auf die rauhen Winterabende, wenn ich mit Eiszapfen im
Barte werde heimkommen, dann untersuche mitunter
meine Taschen, aber nicht zu oft, wenn Du nicht vergebens
Dich bemüht haben willst. Wilhelm, mit dem ich gestern
abend lustwandelte, sagte, daß er Dich vielleicht einmal besuchen würde, da ich jetzt nicht könnte. Die Buttertöpfe
sind besorgt, aber die Butterfrau hat sie nur durch vieles
Zureden mitgenommen.

Guten Morgen! Liebe Line. Damit Du nicht so ganz leer ausgehst und eine Freude habest zu Deinem Geburtstage, so gib einem vorübergehenden Bedürftigen, oder wenn Du sonst jemanden kennest, 1 Taler und freu Dich seiner Freude. Das ist dann eine Freude, wobei der Gaumen zwar nichts empfindet, aber der innere Mensch gewinnt.

Gehabe Dich wohl, liebe Line, und grüße die Emma und Kerstings und die Tante, und setze ja keinen Tag aus, Dich zu baden. Gestern hat Wilhelm ausgerechnet, wieviel Dachziegel auf dem Maltzhause in unserem Hofe liegen: 51 800 Ziegel.

Gestern nachmittag hat es hier etwas geregnet, und diese Nacht soll es stark geregnet haben.   Dein F.

Caspar David Friedrich an Adolf

Lieber Bruder Adolf!   Dresden, den 10. Dezember 1822

Du hast uns abermals einen Beweis Deiner Liebe gegeben, nein, nicht Beweis, dessen bedürfte es nicht. Du hast uns wiederum eine Freude machen wollen und auch gemacht, und ich wie meine Lina wissen Dir vielen Dank. Ich aber gestehe es Dir frei und darf es ja wohl meinem Bruder gestehen, daß es für mich immer etwas Drückendes hat, wenn ich bedenke, was es Dich jedesmal gekostet hat. Mir, der ich immer den bei weitem geringeren Teil der Kosten trage, kommt es schon hoch zu stehen, so daß ich vielleicht für dasselbe Geld mir denselben Bissen hier zubereiten kann. Sei so gut und schreibe uns genau und umständlich die Zubereitung des Fleisches, es müßte doch wohl mit dem Teufel zugehen, wenn sächsische Gänse nicht auch einigermaßen gut schmecken sollten ...

Eben, als ich vom Tische aufgestanden, schrieb ich diese Zeilen, den Wohlgeschmack des pommerschen Leckerbissens noch im Munde; dies mag wohl die Ursache sein, warum in meinem Briefe des lieben Viehes eher gedacht worden als der Menschen.

Die stille Hochzeitsfeier Deiner Dörte hat uns, wenigstens mir, sehr gefallen. Ich und meine Lina tranken als Ersatz für den vermeinten großen Schmaus an demselben Abend Tee, wobei es aber wohl noch stiller zugegangen sein mag als bei Euch.

Emma dankt für die Bereicherung ihrer Sparbüchse; bei dieser Gelegenheit hat sie ihre Sparbüchse zum erstenmal gesehen und sich sehr gefreut über die gelben und weißen Taler; sie hat sich seit der Zeit schon mehrere Male erinnert und verlangt sie zu sehen. Dem schönen großen Stück Bernstein werde ich seine Urgestalt lassen, bis Emma die Jahre erreicht, wo sie einen solchen Schmuck tragen darf, sonst könnte die gegebene Form leicht aus der Mode kommen. Die Schuppen gefallen mir, denn sie haben eine schöne Form.

Das Teegeschirr werde ich besorgen; nur lasse mich wissen zu Ostern, an wen und wo ich es in Leipzig abzugeben habe.

Solche Briefe, wie Dorthen und ihr Mann an uns zu schreiben für nötig halten, haben allerdings etwas sehr Peinliches und setzen dann notbedingt wiederum einen Brief von mir voraus, der auch peinlich ist. Ich möchte also den Vorschlag tun, wenn es das junge Ehepaar zufrieden ist (mir geschähe ein Gefallen damit), und die ganze Sache mit Stillschweigen übergehen.

Caspar David Friedrich an Adolf

Lieber Bruder!   Dresden, den 1. Januar 1824
Wenige Stunden des neuen Jahres sind bereits vorüber, ich will wünschen, daß Du und Ihr, meine Brüder, alle mit froherem Blick in das vor uns liegende Jahr hineinschauen möget als ich.

Du hast uns durch Dein Geschenk eine große Freude gemacht und uns wörtlich so eigentlich in die Wolle gesetzt: Wenn ich mich künftig behaglich warm in der Jacke fühlen werde, werde ich Deiner Liebe gedenken. Das Geschenk der prächtigen Wachsstöcke haben diesen Weihnachten nicht so geglänzt, als sie es würden getan haben, wenn meine Frau nicht krank gewesen wäre.

Ich freue mich Deiner Freude, daß Du Großvater bist, und wünsche Deiner Tochter und ihrem Manne und Kinde viel Glück und Freude. Daß Dich mein Bild erfreut, ist mir lieb und mehr als lieb. Daß es in Deiner Seele stürmet wie in dem Bilde – immerhin, der Sturm läutert die Luft. Möge auch Dein bewegtes, aufgeregtes inneres Leben heilbringend, nicht zerstörend auf Seele und Leib wirken und so wenigstens dem Bilde unähnlich. Was uns in besseren Stunden, wo sich der Mensch dem Ewigen näher fühlet, das volle Herz bewegt, das vermögen Deine und keines Menschen Worten auszusprechen. Nur Tränen sind es, und diese erkennt nur der, so Herz und Nieren prüfet ...

Ich sollte wohl heute auch nach Sitte und Gebrauch zu meinem Vorgesetzten gehen, aber es ist mir nicht möglich.

Ich hätte Euch manches zu schreiben, aber ich mag es keinem Briefe anvertrauen. Euer Bruder C.

den 20.
Es ist nicht meine Schuld, daß Du nicht längst schon diesen Brief erhalten; da es nun einmal so lange getrödelt hat, so will ich Euch, meine Brüder, auch eine kleine Neuigkeit dafür auftischen. – Gestern frühe schickte der Graf Vitzthum als Direktor unserer Akademie zu mir mit dem Verlangen, gegen Abend zu ihm zu kommen. Beim Eintritt eröffnete er mir, daß mich der König zum Professor ernannt und mein Gehalt erhöht, von jetzt an bekomme ich 200 Taler. Ich habe nicht [darum] angehalten; aber andere Leute haben sich für mich verwendet ...

Caspar David Friedrich an die drei Greifswalder Brüder

Lieber Bruder!   Dresden, den 2. Oktober 1825
Seit einiger Zeit befinde ich mich unwohl, jedoch scheint meine Krankheit seit gestern auf dem Rückzug begriffen zu sein. Ich habe mich soeben in Pelze gehüllt ans Pult gesetzt, um mich den heutigen Tag mit Euch Lieben zu unterhalten. Es ist mir Bedürfnis, Euch, meine Brüder, wiederholt von Zeit zu Zeit zu sagen, wie sehr ich Euch liebe und wie unbegrenzt mein Zutrauen zu Euch ist, je mehr ich mich durch gemachte bittere Erfahrungen in mich selbst zurückziehe. Lasset aber durch die Äußerungen keine Sorge in Euch aufkommen, denn dies sind ja Erfahrungen, die mehr oder weniger jeder Mensch gemacht hat, wenn er sich einige Zeit in der Welt umhergesehen ...

Lieber Christian! – Von Adolf erfahre ich neuerlich, daß Du den Ausbau der Nikolaikirche übernommen, und schon früher hab' ich von Landsleuten gehört, daß der König den ganzen Bau untersagt habe, weil man in Barth die Kirche so ganz erschrecklich verhunzt haben soll. Wie hängt die Sache eigentlich zusammen? ...

Wie geht es mit Deinem Erlenkönig und überhaupt mit der Holzschneiderei? Wenn Du einmal solltest Gelegenheit haben, mir einige Abdrücke von Deinem Christus [über]lassen zu können, so tue es. Eben fällt mir bei, daß Professor Schildener mehrerlei Sachen in kurzem nach Dresden zu schicken hat, der gewiß die Gefälligkeit für mich hätte. Wenn P. S. die Sachen nicht schon nach Dresden abgesendet, so geschieht es gewiß bald; darum erkundige Dich gleich. Ich habe seit einiger Zeit mehrere kleine Bilder und Zeichnungen verkauft ...

Viele Grüße links und rechts, kreuz und quer

Euer Bruder Caspar

Caspar David Friedrich an Dr. Wilhelm Körte, Halberstadt

Dresden, den 21. Juli 1821

Wohlgeborener Herr Doktor!

Schuldigen Dank für die von Euer Wohlgeboren richtig erhaltenen sechzehn Stück Louisdor, und ich könnte wohl noch im voraus für die noch zu erhaltenen elf ... danken. Ich bin erfreut, daß Sie willens sind, mehrere Kinder meiner Laune von mir zu haben, doppelt erfreulich wird es mir dadurch, denn ich bin nun gewiß, daß Ihnen die ersten Bilder nicht mißfallen.

Ihrem Wunsch zufolge erhalten Sie folgendes kleines Verzeichnis meiner fertigen Arbeiten:

Eine Felsenhöhle (Erinnerung an Kuhstall bei Schandau), $20\frac{3}{4}$ Zoll breit und 15 Zoll hoch, der Preis 6 Louisdor – Der Marmorbruch bei Rübeland im Harzgebirge, $18\frac{1}{2}$ Zoll breit und $14\frac{1}{2}$ Zoll hoch, der Preis 6 Louisdor – Ein neblichter Morgen, $18\frac{1}{2}$ Zoll breit und $14\frac{1}{2}$ Zoll hoch, zu 6 Louisdor –

Zwei Bilder, $10\frac{1}{2}$ Zoll breit und 8 Zoll hoch, beide Erinnerungen an den Brocken von der Höhe, Preis 4 Louisdor –

Die Überreste des Schlosses Scharffenberg bei Meißen, Winterstück, $10\frac{1}{2}$ Zoll breit und 8 Zoll hoch – alles Ölgemälde.

Bitte denen Herren Cramer und Caspari meinen freundlichen Gruß und Dank zu sagen.

Gott mit Ihnen und uns allen!

Ihr C. D. Friedrich

PS: Bitte um Verzeihung! bald hätte ich vergessen, Ihnen zu schreiben, daß das Bild mit dem Schwan schon seinen Herrn hat.

Caspar David Friedrich an Dr. Wilhelm Körte

Dresden, den 1. November 1822

Um Eure Wohlgeboren zugleich mit der Zusendung des genauen, von Ihnen verlangten Maßes auch noch melden zu können, daß die beiden bewußten Landschaften beendigt sind, erhalten Sie einige Tage später die Beantwortung Ihres Briefes vom 26. Oktober. Vielleicht sind in vierzehn Tagen die Bilder so trocken, daß ich sie ohne Gefahr Ihnen zustellen kann. Verbleibe hochachtungsvoll

Ihr C. D. Friedrich

Caspar David Friedrich an Dr. Wilhelm Körte

Dresden, den 14. Februar 1826

Verehrter Herr Professor!

Wie gerne trüge ich dazu bei, Karl Wildenheim aus seiner ungünstigen, bedrängten Lage geholfen zu sehen und seinem ferneren Wohl behülflich zu sein, um so mehr, da sein reiner Sinn für alles Schöne und Gute und Edle ihn über so viele, viele, so mit ihm ein Ziel haben, hinaushebt, deren Streben nichts weiter ist, als es dem geschickten Außen noch an Nachahmungsfähigkeit zuvorzutun. Wer aber ist mit Bestimmtheit imstande, über die künftige Geschicklichkeit eines Angehenden zu entscheiden.

So gern ich auch glaube und berechtigt bin zu glauben, daß Karl Wildenheim unter günstigen Umständen künftig etwas Tüchtiges leisten werde, so bedürfte es wohl noch etlicher Jahre, um entscheidender über ihn urteilen zu können.

Was hier gesagt, ist meine innige Überzeugung, und mein herzlicher Wunsch wäre, daß dem armen Mann bald, recht bald geholfen werden möchte ...

Ergebenst C. D. Friedrich

Caspar David Friedrich an die drei Greifswalder Brüder

Lieben Brüder!   Dresden, den 11. September 1830
Überall hört man von Krieg und Krieges Geschrei, von Empörung und Aufruhr, auch die Dresdner Einwohner haben sich einmal gerüttelt und geschüttelt. Euch davon zu benachrichtigen, wie es ohngefähr dabei sich zugetragen, ist die Absicht dieses Briefes. Doch rechnet nicht auf eine sehr geregelte Erzählung, ich bin zu aufgeregt, um es zu können, wenn ich es auch sonst noch allenfalls imstande wäre. Schon mehrere Tage vor dem Ausbruch der Empörung, es war den 9. September abends acht oder achteinhalb Uhr, hatten sich Abteilungen zu Zwanzigen von jungen Leuten singend nach der Stadt von allen Seiten begeben; schon mehrere Tage war schon jedermann auf einen Aufstand gefaßt, und auf allen Straßen wurde laut davon geredet, und Menschen, so sich nichts Gutes bewußt, hatten ihr Geld und sonstige Kostbarkeiten in Sicherheit bei ehrlichen Leuten zu bringen gesucht. Zwischen sieben und acht Uhr abends ging ich durch die Stadt, und alles war im tiefsten Frieden. Zu Hause angekommen, ließ ich mir einen Tee machen, und noch ehe das Wasser kochte, klingelte es, und herein trat Herr Filitz von Teplitz gesund und wohl und frohen Mutes ein. Wir tranken Tee, und ich fragte ihn, ob er nichts von Ereignissen in Leipzig und anderen Orten gehöret, und sagte, daß man hier ein Gleiches erwartete. Um zehn Uhr gingen wir zu Bette, um elf Uhr wurde ich durch Feuerlärm geweckt, bald darauf wurde der Generalmarsch der Bürger geschlagen, und hörte man auch ein furchtbares Hurra! Hurra! rufen. Nicht lange, hörte ich mit entsetzlichem Geschrei das Volk sich der Hauptwache nähern (so ich aus meinen Fenstern sehen kann), es fielen ohngefähr acht bis zehn Schüsse, darauf verstummte der Lärm, aber nur wenige Minuten. Dann begann der Lärm und das Toben um so stärker; und dies war der Augenblick, wo das Volk die Soldaten von der Hauptwache weggeprügelt hatte, um sie von den Bürgern besetzt zu wissen, wie ich nachher

erfuhr. Während dieses Vorfalls hatte man im Rathause die Fenster eingeschmissen und die Akten aus den Fenstern geworfen und verbrannt, im Erdgeschosse sowohl als wie eine Treppe hoch; als man auch zwei Treppen hoch das nämliche hatte tun wollen, tritt ein Mann auf und bedeutet der empörten Menge, daß sie doch wohl bedenken möchte, was für ein großes Unglück sie dadurch anstiften würden, indem da so vieles Geld aufbewahrt wäre, so Witwen und Waisen gehöre. Auf diese Anrede ist man sogleich abgezogen. Nicht wahr, einem so aufgeregten Volk, was mit so wenig Worten sich lenken läßt, darf man seine Achtung nicht versagen? Darauf ist man ins Polizeigebäude eingedrungen, [hat] Türen und Fenster eingeschmissen und alles und jedes verbrannt und an mehreren Orten die Fenster eingeschmissen, unter anderem auch bei dem katholischen Bischof Mauermann. Aber es hatte den guten Leuten die Verwüstung, so sie in der Polizei angerichtet, wohl noch nicht genug gedeucht und hatten von neuem Feuer angelegt und alles und jedes verbrannt, durch alle Geschosse, selbst das Dach ist weggebrannt, und niemand hat löschen dürfen; erst um vier Uhr nachmittags hat man diesen Leuten Einhalt getan. Von einer kleinen Reiterabteilung ist ein Offizier, von einem Pflasterstein getroffen, gleich tot zur Erde gefallen, ein anderer Offizier, der wohl eingesehen, daß durch Widerstand nichts auszurichten sei, hat den Befehl gegeben an seine Soldaten, die Bajonette abzunehmen; man mag ihn aber nicht verstanden haben, denn er ist darauf gleich vom Volk so mißhandelt worden, daß er bald gestorben, auch ist ein Bürger von einem Soldaten erstochen worden; auch ein Knabe soll bei dieser Gelegenheit seinen Tod gefunden haben. Gestern erschien ein Anschlagzettel, worin angekündigt wurde, daß jeder, der ein Freund der Ruhe und Ordnung sei, mit einem weißen Tuch um den linken Arm gebunden erscheinen möchte, und daß der Prinz Friedrich zur bestimmten Zeit an den verschiedenen Plätzen in Neustadt, Altstadt und Friedrichstadt erscheinen würde, um die Beschwerden des Volkes zu vernehmen.

Ich war gerade zugegen, als der Prinz Friedrich mit seinem Bruder Johann und vielen Generalen, alle mit weißen Binden versehn, auf dem alten Markt erschien; der Lärm und das Schreien und das Vivatrufen war aber so groß, daß der Prinz wohl nicht die Menschen, noch die Menschen den Prinzen verstanden. Jedem, der eine weiße Binde trug und keine Waffen hatte, wurden sie sogleich im Zeughause ausgeliefert. Selbst die Schüler von der Kreuzschule trugen Waffen samt ihren Lehrern. Um acht Uhr sollten die Häuser geschlossen sein, und jeder Meister dafür sorgen, daß seine Gesellen und Burschen zu Hause seien, aber diese hatten (wie man sagt) mit Wissen der Meister schon den ganzen Tag nicht gearbeitet. Filitz hat es mit angesehen, wie gestern früh um neun Uhr ein Trupp junger Leute, mit Knüppeln versehen, die Wache am Wilsdruffer Tor angegriffen und in die Flucht geschlagen; bald darauf ist die Wache von Bürgern besetzt worden. Am Pirnaischen Tor ist desgleichen geschehen. Diese Nacht ist alles still und ruhig zugegangen, wohl durch die starken Patrouillen der Bürger erzwungen. Auch hat man den ersten Abend dem Minister Einsiedel die Fenster eingeworfen und ihn laut beschimpft. Mehrere Personen sind verhaftet und, wie man sagt, bereits auf den Königstein geschafft; die Bürger sollen ihre Auslieferung fordern. Die Schüler von der Kreuzschule freuen sich unendlich, denn sie haben den Befehl von ihren Lehrern erhalten, sich diesen Nachmittag unter die Waffen zu stellen. Auch haben sie schon durch einen abgeordneten Offizier einen Dank erhalten für ihr gutes und tapferes Benehmen bei der Ergreifung derer, so daß Polizeigebäude zerstört.

Ich lebe nun seit einigen dreißig Jahren in Dresden, aber noch nie habe ich so viele freudige Gesichter gesehen als gestern. Filitz ist eben mit der weißen Binde am Arme ausgegangen. Vor allen Schlägen um die ganze Stadt liegt Militär (wie man sagt, zu Pferde und zu Fuß).

Um fünf Uhr diesen Nachmittag wird der Generalmarsch geschlagen werden und alle unter die Waffen sich stellen, auch die Kreuzschüler, um die Anstifter dieses Aufruhrs zu fangen; denn die, so die Fenster eingeworfen usw., hält man für besoldete Leute; [es] soll ein Mann auf den kecken Gedanken gekommen sein, einen freilich sehr großen Hut machen zu lassen und diesen über ganz Dresden mit seinen Nebenstädten und Vorstädten plötzlich zu stülpen, so wie die Kinder die Schmetterlinge fangen; denn die Unruhstifter und die, so jetzt die Ruhe wiederherstellen, halten viele für ein und dieselben Personen.

Abends sieben Uhr. Bei den Leuten, so eine weiße Binde um den Arm tragen und ein Gewehr in der Hand, so die vergangene Nacht die Ruhe der Stadt anempfohlen worden und je zu zwanzig und dreißig einen selbstgewählten Oberen gehabt, soll es so zugegangen sein: Zwanzig Mann haben auf dem Brühlschen Garten die Wache gehabt, und als sie eine kleine Zeit umhergegangen, sprechen etliche: «Was sollen wir denn hier, es ist ja alles ruhig, wir wollen doch nach Hause gehen.» Wie sehr auch ihr Oberer sich widersetzt, so gehen sie doch alle bis auf zwei, und diese sind den andren auch bald nachgefolgt. Mann nennt diese hier Tausendschönchen, weil sie so buntscheckig aussehen. Filitz ist nach Hause gekommen und erzählt, daß alles ruhig in der Stadt ist. Drei Zettel sind diesen Nachmittag an allen Ecken angeschlagen. In dem einen spricht der Prinz Friedrich seinen Dank den Bürgern aus für die Aufrechterhaltung der Ruhe und Sicherheit der Stadt. Der andere Zettel kündigt an, daß eine, ich glaube, Friedens- und Sicherheitskommission (nicht Polizei, denn dieser Name ist so verhaßt) [gegründet wurde], um Pässe auszufertigen. Der dritte Zettel zeigt an, daß der Prinz Friedrich vom Montag an alle Beschwerden der Bürger in Person anhören will.

Die Polizeiinspektoren haben sich alle geflüchtet auf die Dörfer, werden aber da von den Bewohnern nicht geduldet. Ich hätte noch vieles zu schreiben, aber die Sachen werden gar zu bunt, so daß ich mich nicht darauf einlassen werde, alles niederzuschreiben. – Für heute gute Nacht! –

Guten Morgen! Diese Nacht ist, soviel ich weiß, alles ruhig zugegangen. Viele der Bewohner Dresdens sollen es sehr bedauern, daß man bereits viele von denen, so die Fenster eingeworfen und das Polizeigebäude in Brand gesteckt, bereits gefänglich verhaftet; andere glauben, daß man bei den Untersuchungen nach den Urhebern dieses Aufruhrs wohl auf so viele Inwohner Dresdens stoßen möchte, daß man wohl lieber alles mit Stillschweigen übergehen und alle wieder in Freiheit setzen wird; doch die Zeit wird es lehren, was geschieht. Die Maler-Akademie wird ein eigenes Korps bilden, die Schüler (oder Studenten) haben schon Wache getan, auch die Professoren tragen zum Teil schon Flinten.

Filitz ist eben in die Stadt gegangen, um Neuigkeiten für meinen Brief einzusammeln. Die Forststudenten aus Tharandt, drei Stunden Weges von Dresden, sind gestern gekommen und tun Dienst zur Aufrechterhaltung der Ruhe. –

Während man das Polizeigebäude zerstörte, hatte man eine Polizeiuniform ausgestopft und an einer langen Stange zum Fenster hinausgehangen; es soll gar lustig ausgesehen haben.

Man tadelt allgemein die Leute, daß man sich so lange beim Vernichten des Polizeigebäudes aufgehalten, während man hätte noch viele Fenster einschmeißen können und den Glasern mehr Verdienst verschaffen können; der aber soll noch erst geboren werden, der es allen Leuten recht macht; es nachzuholen, was man versäumt, möchte wohl jetzt nicht tunlich sein. Filitz ist aus der Stadt zurückgekommen, alles ist stille und ruhig, wie sich's an einem Sonntag geziemt; auch die Schäffelgasse, wo das Polizeigebäude steht, oder soll ich sagen, gestanden, ist nicht mehr gesperrt. Die weißen Tücher sollen sich schon etwas verlieren.

Alles ist ruhig, und wer könnte es auch wohl wagen, bei einer so großen Anzahl von Menschen, so unter den Waffen stehen, die Ruhe zu stören. Und die Besetzung der Posten ist wohl jetzt geordneter als in den ersten Tagen, und vom Nach-Hause-Gehen kann wohl nicht mehr die Rede sein. Gestern nachmittag von drei bis fünf ist auf dem Gewandhaus in der Kreuzgasse eine große Versammlung gehalten, wo die Bürger dem Stadtrate ihre Beschwerden vorgetragen. Doch ehe der Sprecher der Bürger, ein Advokat, seine Rede begonnen, so ein und eine halbe Stunde gedauert und ein wahres Meisterstück von Freimütigkeit und Kraft gewesen sein soll, haben die Bürger alle laut die Forderung gemacht, daß nicht eher an eine Unterhaltung zu gedenken sei, bis die in Verhaft Genommenen alle in Freiheit gesetzt. Der Lärm soll bei dieser Gelegenheit ungeheuer gewesen sein, und der Rat hat sogleich die Freilassung zugestanden. Darauf hebt der Redner, auf einem Tische stehend, an, die Beschwerden der Bürger vorzutragen, und nach Beendigung derselben entgegnet der Rat, daß man in vier Wochen eine Antwort erwarten dürfte. Aber die Bürger haben gleich geäußert, daß vierzehn Tage wohl auch hinreichend wären, und daß man nicht eher die Waffen aus den Händen legen würde, bis nach ausgemachter Sache; worauf sich alles auseinander begeben.

Eben erfahre ich, daß diese und vorige Nacht die Patrouillen durch das Haus, wo ich wohne, zu gehen verlangt haben, und den Garten und die daran stoßenden Gärten auf das genaueste untersucht. Man spricht, als hätte man die Absicht, das Haus eines reichen Bürgers anzustecken; und wirklich ist auch gestern schon Feuer in der Nähe ausgebrochen, aber gleich wieder gedämpft. Gestern abend erfahr' ich, daß in Meißen auch Aufruhr gewesen sein soll.

Nachmittag

Heute morgen war ich in der Stadt und das Neueste war, daß der hiesige Rat abgedankt haben soll, zur großen

Freude der Bürger. Jemand meinte, es wäre wohl das Ge-
scheuteste, was der Rat je gemacht, und fügte noch hinzu,
daß die Bürger wohl auch so gescheut sein würden und der
Obrigkeit zuvor Rechnung abfordern würden. Man sagt,
daß auf dem Rathause durchaus keine Papiere von Wichtigkeit verbrannt sind. Ein Bäckermeister hat eine Kopf-
wunde bekommen. Ein Tischlergeselle hat [einen] Stich
mit einem Degen durch den Arm erhalten usw.

Filitz läßt seine Eltern und Geschwister und Verwandte
vielmals grüßen, und ich tue desgleichen.

Gott mit Euch allen!
Euer Bruder C. D. Friedrich

13. September
Diesen Nachmittag um zwei Uhr gebe ich diesen Brief auf
die Post.

NB: Laut sicheren Nachrichten ist in Großenhain, sieben Stunden von hier, diese Nacht auch Aufruhr gewesen.

Caspar David Friedrich an Heinrichs Sohn Heinrich

Lieber Junge!   [September (?) 1835]
Deine beiden Briefe habe ich in Teplitz erhalten und ersteren gleich nach Empfang desselben nebst der Einlage an
Deinen Vater und einiger hinzugefügter Zeilen nach
Greifswald abgesendet. Wenige Tage darauf erhielt ich
einen Brief von Adolf, Deine Person betreffend. Da ich berechnen konnte, daß gleich darauf, als derselbe auf die Post
gegeben, Dein Schreiben in Greifswald eingetroffen sein
müßte, so habe ich ihn unbeantwortet gelassen. Ich sende
ihn Dir hierbei, auch einen Brief von Filitz, der Dir Freude
machen wird. In Teplitz habe ich mich auf Anraten des
Arztes beinahe sechs Wochen aufgehalten aus den Dir bekannten Ursachen. Seit vorgestern bin ich wieder zurück.
Ich bin jetzt ziemlich gut auf den Füßen und hoffe, daß die

Nachwirkungen des Bades auch meine Hand wieder fähig machen werden zur Arbeit. Die ganze Badezeit hindurch [ist] das schönste Wetter gewesen, und die schöne Umgebung von Teplitz und das Wenige, was ich der halblahmen Hand wegen habe machen können, kann dennoch für mich, wenn anders ich je die Fähigkeit wieder erlangen werde, malen zu können, dennoch von Nutzen sein.

Nicht wahr, Du weißt es mir Dank, daß ich Dir so tüchtig zugesprochen hab', die Reise nach Salzburg zu unternehmen; denn was Du da gesehen, wird einen bleibenden Eindruck auf Dich gemacht haben, so für das ganze Leben dauert. Die Gegend um Teplitz ist schön, wie Du weißt, und erhebt das Herz, wieviel mehr die Umgebung von Salzburg, so Du Dich hast erfreuen können. Das Schreiben geht mir heute so schlecht von der Hand wie aus dem Sinne, so daß es besser ist, ich schließe mit einem herzlichen Lebewohl.

Deine verlangten Sachen erhältst du beifolgend.

Noch einmal Gott befohlen!   C.F.

Caspar David Friedrich an W. A. Shukowski

Dresden, den 14. Oktober 1835

Hochwohlgeborener Herr Staatsrat!

Vielleicht ist meine Antwort auf Ihr erstes geehrtes Schreiben in einigen Tagen schon in Ihren Händen, und die Antwort auf Ihr zweites Schreiben, so nur Wiederholung des ersteren ist, wäre also, da ich das erstere richtig erhalten, ganz überflüssig. Ihr Brief war mir indes sehr willkommen, denn er gibt mir die günstige Gelegenheit, etwas Versäumtes nachzuholen, um so mehr, da Sie im zweiten ausdrücklich äußern, alles, was ich von Malerei und Zeichnung ausgeführt besitze, es sei groß oder klein, anzuzeigen. So habe ich zum Beispiel vergessen, der vier Bilder zu gedenken, so ausgeführt bei mir stehen. Diese Bilder sind ganz anderer Art als die, so ich im ersten Brief gedacht; nicht in den gewählten Gegenständen allein, sondern auch in der Ausführung, sie sind nämlich auf Papier durchsichtig gemalt. Diese Bilder können nur mit eigener Vorrichtung in einem Zimmer gesehen werden, so das Licht durch eine kleine Öffnung fällt und übrigens das ganze Zimmer finster ist. Man denke sich aber keine Guckkastenbilder. Drei dieser Bilder können als zusammengehörend betrachtet werden. Das erste Bild: Zwei Mädchen, spielend und singend zur Laute unter gotischen Trümmern, vom Vollmond erleuchtet. Das zweite Bild: Ein Mädchen, sitzend auf einem Söller, die Harfe spielend, zunächst eine Betsäule, etwas weiter eine Kirche mit einigen schwach erleuchteten Fenstern. Die weibliche Gestalt ist gedacht, als begleite sie mit der Harfe die fernen Töne der Orgel. Das dritte Bild: Ein junger Musiker ist unter hohen Malven eingeschlafen, die Laute zur Seite gelegt, träumend, Himmelsmusik zu hören. In den Wolken sind musizierende Engel. Das vierte Bild: Im düstern Fichtenwald erblickt man den Vollmond hinter Baumstämmen. Eine Zauberin hat um einen Goldgierigen einen Zauberkreis geschlagen. Im Mittelpunkt desselben sieht man den ersehnten Schatz brennen. Der Geizhals stürzt über den Schatz hin, um ihn zu haben, und überschreitet mit dem einen Bein den schützenden Kreis und ist also dem Teufel einheimgefallen, der ihn sogleich gebandelt. Der in Ihren beiden Briefen erwähnte Kirchhof ist noch nicht fertig und wird es auch wohl nicht werden, wenigstens nicht in Ölfarbe. Würde es je geschehen, so wird es in der Art ausgeführt wie die eben beschriebenen Bilder.

Die bewußten sieben Zeichnungen setzen mich immer in Verlegenheit, wenn ich um den Preis befragt worden bin. Jetzt wird aber mal angefangen, und ich drücke die Augen zu und sage: für jede Zeichnung vier Dukaten – abgemacht! –

Nach langer Zeit habe ich gewagt, wieder zu malen, und die Freude gehabt, daß es gegen meine Erwartung gut angefangen. Ich bin begierig, wie das Bild vollendet erscheinen wird. Es ist aber schon viel gewonnen, daß ich zu malen angefangen, und berechtigt doch zu der Hoffnung, künftig doch mein täglich Brot erwerben zu können. Dieser Wunsch ums tägliche Brot ist doch wohl erlaubt, denn Jesus lehrte ja selbst seine Jünger, so zu beten.

Euer Hochwohlgeboren ergebenster
C. D. Friedrich

Caspar David Friedrich an W. A. Shukowski

Dresden, den 19. November 1835
Hochwohlgeborener Herr Staatsrat!
Erfreut über das Verzeichnis der verlangten Bilder, wozu gewiß Ihre gütige Fürsprache auch viel beigetragen hat. Der Erlös dieser Liste eröffnet mir die freudige Hoffnung, einige Zeit ohne Nahrungssorgen leben zu können, und auch obendrein die tröstliche Aussicht auf kommenden Sommer, das Baden in Teplitz wiederholen zu können. Jedoch, aufrichtig gesagt, ohne die Hoffnung zu hegen, je völlig von der Lähmung wieder zu genesen; auch bin ich völlig beruhigt darüber und froh und dankbar gegen den Himmel, daß ich soweit wiederhergestellt bin. Aber ich lebe des Glaubens, daß das Baden verhindern werde, daß mein Übel schlimmer werde. Bei meinen vorgerückten Jahren, wo die Abnahme meiner Kräfte immer fühlbarer wird und die Tätigkeit immer weniger und die Bedürfnisse immer mehr, da stellen sich natürlich die Nahrungssorgen immer häufiger ein. Sie können sich also denken, wie groß meine Freude war über Ihre Briefe, so die Hoffnung immer steigerten und endlich höher gestiegen, als ich es mir geträumt. Diese Freude mag meine lange und breite Einleitung entschuldigen. Sie haben sie ja selbst veranlassen helfen. Einige Tage nach Erhaltung Ihres Briefes vom 23. Oktober/November erhielt ich vom Gesandten die Nachricht, daß er mich sprechen will, und er teilte mir die unangenehme Nachricht mit, daß die Gemälde jetzt nicht

versendet werden könnten und auch nicht eher, als bis zur Wiedereröffnung der Schiffahrt. Das Fortschaffen der Kisten zu Wagen und Schlitten schien dem Herrn Gesandten nicht zu passen, kurz, er wollte nichts davon wissen. «Aber wollen Sie», sagte er, «noch Zeichnungen befördert haben wie die, so ich schon erhalten?» Hier zeigte er mir die acht Zeichnungen zu meiner nicht geringen Verwunderung, die ich schon in Petersburg in Ihren Händen geglaubt.

Da Sie, Herr Staatsrat, die Transparentbilder baldigst in Petersburg wünschen, so ersuche ich, mir baldigst anzudeuten, wie ich mich ferner zu verhalten habe.

Die Verzögerung der Absendung ist mir wie Ihnen sehr unangenehm, und ich freue mich, in dieser Angelegenheit bald einem Brief entgegenzusehen.

Beifolgende Zeichnung erhalten Sie durch die gnädige Bewilligung des Herrn Gesandten, und [ich] will wünschen, daß die Absendung schneller geschehen möge, als es mit den ersten Zeichnungen geschehen.

Hochachtungsvoll Ihr ergebener
C. D. Friedrich
Den 17. dieses Monats starb hier der alte Hofrat Böttiger.

Caroline Friedrich an Heinrichs Sohn Heinrich

Guter Heinrich! Dresden, den 3. September 1840
Immer habe ich gehofft, ein Briefchen von Dir zu erhalten, aber vergebens, nun will ich den Anfang machen, und wir belästigen Dich mit einem Auftrag, der Dir vielleicht nicht angenehm ist, aber ich bin es von Dir überzeugt, daß Du es gern übernimmst, tue es noch aus Liebe für den guten Vater, welchen Du früher so gepflegt und was ich dir nie vergessen werde. Beifolgende kleine Bleistiftzeichnungen bitte ich, unter alt und jung, wo du auch mit darunter bist, als letztes Andenken von des Vaters Arbeiten zu verteilen; besonders sind noch etliche von dem Jahre 1835 dabei, als Du bei uns warest und wir dann nach Teplitz reisten, er hat

es selbst noch bemerkt, welche Tage es gezeichnet ist. Adolf legt auch ein paar Blätter bei, bloß auf mein Zureden, denn er will nicht gern damit prahlen, daß andere denken sollen, er dünkt sich mehr als er ist, aber ich glaube doch, es wird besonders Deinem guten Vater lieb sein, etwas von seinen Arbeiten zu sehen, wenn es auch nur unvollkommen ist. Über den Besuch von Jäthes und Onkel Hahn aus Brandenburg haben wir uns ungemein gefreuet, und die Vergangenheit erinnerte mich dabei an wehmütige Gefühle. Nun, lieber Heinrich, grüße Deinen guten Vater und Deine liebe Frau von Deiner Tante   C. Friedrich

Der kleinen Sophie einen Kuß.

Robert Krüger, Schwiegersohn C. D. Friedrichs, an
W. A. Shukowski

                              Dresden, den 24. Dezember 1841
Ew. Exzellenz
hochzuverehrender Herr Staatsrat!
Da es der Wille des Höchsten beschloß, vor nun bald zwei Jahren den Lebenslauf meines Schwiegervaters (des hiesigen Landschaftsmalers und Professors Friedrich) zu vollenden, und derselbe während seinen letzten drei Lebensjahren verhindert wurde, in Kunstarbeiten einiges erwerben zu können, so wage ich mich im Namen meiner Schwiegermutter (der Witwe des Verstorbenen) mit nachstehendem untertänigem Gesuch zu nähern, welches Sie, Hochzuverehrender Herr Staatsrat, desto eher gnädigst entschuldigen werden, da dieses Gesuch auf einer von Sr. Majestät, dem jetzt regierenden Kaiser von Rußland, in höchsteigener Person vor Jahren gnädigst ausgesprochenen Äußerung gegen meinen Schwiegervater beruht, daß derselbe im etwa eintretenden Drange mißlicher Verhältnisse auf den Beistand der kaiserlichen Gnade rechnen dürfe. Da nun die Witwe des Verstorbenen ohne eigene Hilfsmittel ist, dersel-

ben auch die Erziehung einer jüngeren Tochter und eines Sohnes (welcher letztere sich der Kunst widmet) oblieget, so würden diese Hinterbliebenen des Verewigten in tiefster Ehrfurcht anerkennen, wenn Sr. Majestät der Kaiser huldvoll geruhen würden, die gegen meinen Schwiegervater ausgesprochene hohe Gnade auf dessen Witwe allergnädigst übergehen zu lassen.   Robert Krüger

Bade- und Schwimmeister

Quittung vom 28. 2. 1843
150 Taler, Geschenk Sr. Majestät, des Kaisers von Rußland, sind mir, Endesunterzeichneten, richtig eingehändigt worden, worüber ich mit alleruntertänigstem Dank quittiere.   Caroline Friedrich

Aus den Schriften

Aus dem Tagebuch

Ich trat soeben aus einem dunklen, finsteren Wald und befand mich auf einer ziemlichen Anhöhe. Vor mir im Tale, von fruchtbaren Hügeln umgeben, lag sie gar freundlich da, die niedliche Stadt, und im Abendglanz blinkte der neu gedeckte Schieferturm. Durch die üppige blumenreiche Wiese schlängelte sich die Elster, gar lieblich zu schauen. Und hinter den Hügeln lagen die Berge, und hinter den Bergen ragten Felsen hervor, und so lag Fels an Fels gereiht, bis weit hinaus in luftige Ferne. Voll hoher Freude stand ich lange da und sah hinaus in die schöne Gegend, sah, wie die Herden der Rinder und Schafe dem Städtchen sich naheten, sah, wie die fleißigen Schnitter mit den blinkenden Sensen Elsterwerda zueilten. Da wurde ich eingedenk der schönen Mädchen, so ich vor einigen Monaten bei meiner Durchreise gesehen, und schnell eilte ich, ehe's dunkel wurde, dem Orte zu. Langsam ging ich durch die stillen Gassen des Städtchens und sah auch einige schöne Mädchen; es waren dieselben, so ich schon gesehen. Durch die klaren Fensterscheiben konnt' ich sie gar deutlich erblicken und ihnen kaum einen freundlichen Gruß zunikken, als sie sich plötzlich rückwärts wandten und schamrot verschwanden.

Sanft sich hebende Hügel hemmen die Aussicht ins Weite; zugleich dem Wünschen und Wollen der Kinder, sie genießen der Gegenwart köstliche Zeit nicht anders, noch wollend, was ferner liegt. Blühende Büsche, nährende Kräuter, duftende Blumen schließen den stillen, klaren Bach ein, in dem sich die reinliche Bläue des unbewölkten Himmels spiegelt, wie in den Seelen der Kinder der Gottheit herrliches Bild. Kinder spielen, küssen und freuen sich, und das eine Kind begrüßt mit frohem Händeklatschen die kommende Sonne. Lämmer weiden im Tal und auf den Hügeln. Kein Stein ist hier zu sehen, kein dürrer

Zweig, kein abgefallen Laub. Friede, Freude und Unschuld und Leben atmet die ganze Natur.

Du kennst meine Wohnung und die schöne Aussicht umher. Heute ruft mir zum erstenmal die sonst so herrliche Gegend Vergänglichkeit und Tod zu, da sie mir sonst nur Freude und Leben entgegenlächelte. Der Himmel ist trübe und stürmisch, und heute hängt er zum erstenmal den schönen bunten Bergen und Gefilden einen einfarbigen Wintermantel über. Erblaßt liegt die ganze Natur vor mir.

Aphorismen
über Kunst und Leben

Ihr nennt mich Menschenfeind,
Weil ich Gesellschaft meide.
Ihr irret euch,
Ich liebe sie.
Doch um die Menschen nicht zu hassen,
Muß ich den Umgang unterlassen.

Kann dich denn die Langeweile plagen?
So hör' ich öfters Leute fragen,
Stets sieht man dich allein.
Um nicht von Langeweil' geplagt zu sein,
Halt' ich mich fern von euch, allein.

Warum, die Frag' ist oft zu mir ergangen,
Wählst du zum Gegenstand der Malerei
So oft den Tod, Vergänglichkeit und Grab?
Um ewig einst zu leben,
Muß man sich oft dem Tod ergeben.

Ihr lobt mich oft mit lauten Zungen,
Wie wunderschön ist dies gelungen,
Wie tief und herrlich durchgedacht.
Oft schwieg ich still. Oft hab' ich auch gelacht.
Doch wenn ich das, was ich mit voller Seel' empfunden,
Was frei, voll Geist, dem Pinsel mir entschwunden,
Gezeigt, und ihr seid kalt geblieben,
Konnt's in der Seele mich betrüben.

Fürchtet nichts! Wer noch die Menschen liebt,
Kann nicht die Menschen hassen!

Es ist die Regel bei euch geworden, durch die schroffsten Gegensätze eure Gedanken auszudrücken. Ihr sucht Mannigfaltigkeit, verliert die Einheit und verirrt euch in Widersprüchen. Offenbart sich denn auch die Natur nur durch Gegensatz? Preiset ihr nur dann die Schöne des Morgens, wenn die Nacht zuvor stürmisch war? Oder glaubt ihr denn, daß, wo Einheit ist, keine Mannigfaltigkeit sein kann oder daß Einfachheit Leere ist?

Wem die Natur sich nicht offenbart im zartesten Einklang, sondern [wer] nur im schroffsten Gegensatz erkennt ihren Geist, dessen Sinn ist verschlossen für Kunst.

Die Kunst mag ein Spiel sein, aber sie ist ein ernstes Spiel.

Über Kunst und Kunstgeist

Es sei mir vergönnt, noch einmal in aller Kürze meine Ansichten über das, was Kunst und Kunstgeist in dem Menschen ist, zu zeigen.

Du sollst Gott mehr gehorchen denn den Menschen. Jeder trägt das Gesetz von Recht und Unrecht in sich; sein Gewissen sagt ihm: dieses zu tun, jenes zu lassen. Die heiligen Zehn Gebote sind der reine, lautere Ausspruch unser aller Erkenntnis vom Wahrhaften und Guten. Jeder erkennt sie unbedingt als die Stimme seines Innern, niemand kann sich dagegen empören. Willst du dich also der Kunst widmen, fühlst du eine Berufung, ihr dein Leben zu weihen, oh, so achte genau auf die Stimme deines Innern, denn sie ist Kunst in uns.

Hüte dich vor kalter Vielwisserei, vor frevelhaftem Vernünfteln, denn sie tötet das Herz, und wo das Herz und Gemüt im Menschen erstorben sind, da kann die Kunst nicht wohnen.

Bewahre einen reinen, kindlichen Sinn in dir und folge unbedingt der Stimme deines Innern, denn sie ist das Göttliche in uns und führt uns nicht irre.

Heilig sollst du halten jede reine Regung deines Gemütes; heilig achten jede fromme Ahndung, denn sie ist Kunst in uns! In begeisternder Stunde wird sie zur anschaulichen Form; und diese Form ist dein Bild.

Keiner soll mit fremdem Gute wuchern und sein eignes Pfund vergraben! Nur das ist dein eignes Pfund, was du in deinem Innern für wahr und schön, für edel und gut anerkennst.

Mit eignem Auge sollst du sehen und, wie dir die Gegenstände erscheinen, sie treulich wiedergeben; wie alles auf dich wirkt, so gib es im Bilde wieder! Vielen wurde wenig, wenigen viel zuteil: Jedem offenbart sich der Geist der Natur anders, darum darf auch keiner dem andern seine Lehren und Regeln als untrügliches Gesetz aufbürden. Keiner ist Maßstab für alle, jeder nur Maßstab für sich und die mehr oder weniger verwandten Gemüter.

So ist der Mensch dem Menschen nicht als unbedingtes Vorbild gesetzt, sondern das Göttliche, Unendliche ist sein Ziel. Die Kunst ist's, nicht der Künstler, wonach er streben soll! Die Kunst ist unendlich, endlich aller Künstler Wissen und Können.

Nach dem Höchsten und Herrlichsten mußt du ringen, wenn dir das Schöne zuteil werden soll.

Darum, ihr Lehrer der Kunst, die ihr euch dünket so viel mit eurem Wissen und Können, hütet euch sehr, daß ihr nicht einem jeden tyrannisch aufbürdet eure Lehren und Regeln; denn dadurch könnt ihr leichtlich zerknicken die zarten Blumen, zerstören den Tempel der Eigentümlichkeit, ohne den der Mensch nichts Großes vermag. Ihr vermöget doch nichts Besseres aufzubauen; wieviel ihr euch auch dünket, das Eigentümliche im Menschen zeigt sich auf eigene Weise, jeder nach seiner inneren Natur auf andere Art. Eure Lehren können gut sein, doch für einen jeden passen sie nicht, denn nicht jede Blume gedeihet auf jedem Boden. Nur Gottes Gesetze gelten für alle und sind in aller Menschen Herzen geschrieben, die heiligen Zehn Gebote.

Nebensache hin, Nebensache her! Nichts ist Nebensache in einem Bilde, alles gehöret unumgänglich zum Ganzen, darf also nicht vernachlässigt werden. Wer dem Hauptteile seines Bildes nur dadurch einen Wert zu geben weiß, daß er andere, untergeordnete Teile in der Behandlung vernachlässigt, mit dessen Werk ist es schlecht bestellt. Alles muß und kann mit Sorgfalt ausgeführt werden, ohne daß jeder Teil sogleich zu sehen sich aufdrängt. Die wahrhafte Unterordnung liegt nicht in der Vernachlässigung der Nebensachen zur Hauptsache, sondern in der Anordnung der Dinge und Verteilung von Schatten und Licht.

Zuruf an den Künstler

Allgemein gefallen wollen,
Heißt den Gemeinen gefallen.
Nur das Gemeine ist allgemein.

Äußerung bei Betrachtung
einer Sammlung von Gemälden
von größtenteils noch lebenden
und unlängst verstorbenen
Künstlern

Es macht einen widrigen Eindruck auf mich, in einem Saal oder Zimmer eine Menge Bilder wie Ware ausgestellt oder aufgespeichert zu sehen, wo der Beschauer nicht jedes Gemälde für sich getrennt betrachten kann, ohne zugleich vier halbe andere Bilder mitzusehen. Die Wertschätzung solcher Anhäufung von Kunstschätzen muß wohl bei jedem Betrachter herabsinken, wenn überdies (öfter wohl gar geflissentlich) das Widersprechende nebeneinander aufgestellt ist, mithin das eine Bild das andere, wenn auch nicht ganz aufhebt, doch schaden muß und der Eindruck beider oder aller geschwächt wird. Daher mag es nicht befremden, wenn bei schon eingestandener Verstimmung meine Äußerungen etwas hart klingen mögen. Bilder sehe ich nur, um mich daran zu erfreuen, und wovon ich mich nicht angezogen fühle, liegt es nun in meiner Stimmung oder Verstimmung, davon wende ich mich lieber schweigend weg. Doch wohin das Auge wenden, selbst Türe und Fenster sind nicht frei von Bildern. Doch man verlangt einmal, daß ich reden soll, wohlan denn!

Der Schöpfer dieser drei Bilder muß wohl durch gefärbtes Glas gesehen haben. Das eine ist durch blaue, das andere durch rote und das dritte durch [eine] gelbe Brille gesehen worden. Möchte es doch Herrn XXX gefallen, bald eine Landschaft durch schwarzes Glas zu malen (oho! oho! wie wird das enden, was so beginnt? – Urteile ich etwa durch [eine] schwarze Brille?). Vielleicht könnte er da auf den glücklichen Einfall kommen, auch einmal ohne Brille zu malen, wo ihm dann die Gegenstände erscheinen würden wie anderen ehrlichen Leuten, so nicht in Rom gewesen und gesunde Augen haben und die Natur nach der Natur und nicht nach Bildern studieren.

Die Arbeiten von XXX erinnern mich an Spielkarten, bald so, bald anders gemischt, die Karten bleiben immer dieselben. So erinnere ich mich, diese Figuren schon öfters gesehen zu haben, ja selbst der Hintergrund ist mir schon aus alten Bildern und Kupferstichen bekannt. Das eine Bild schmeckt nach Raffael, das andere nach Michelangelo und ihren Vorgängern. Wäre es wohl nicht besser, sie trügen alle das Gepräge des, der sie gemalt, an der Stirne? Oder ist er ohne Gepräge? Heißt das etwa, die Alten studieren? Das hätte man auch zu Hause nach Kupferstichen machen können und brauchte deshalb nicht erst nach Rom zu reisen. Aber es gehört einmal zur Tagesordnung in der Religion wie in der Kunst, man verleugnet den gesunden Menschenverstand und das eigene Gefühl und belügt sich und andere. Was unsere Urväter in kindlicher Einfalt geglaubt und getan, das sollen auch wir bei geläuterter Erkenntnis glauben und tun. Das eben Gesagte könnte wohl auf viele Maler unserer Zeit Anwendung finden.

Schade, daß dieser Künstler bei so vielen Fähigkeiten und ausgezeichneter Geschicklichkeit geistig tot ist, oder schlimmer noch, sich selbst verleugnet und das eigene Pfund vergräbt und mit fremdem Gute wuchert. – Nicht eine Spur von Phantasie oder Begeisterung leitete diesen Mann, ja nicht einmal eine lebendige, vernünftige Vorstellung des sich aufgegebenen Gegenstandes. Wie hätte er ihn sonst so verfehlen können! Es wäre wahrlich keine Bosheit, wenn man fragte: Soll es heißen «Jakob segnet seine Söhne» oder «[Jakob] fluchet seinen Kindern?» Wie kann in der Gemütsstimmung eines segnenden Vaters eine solche heftige Körperbewegung stattfinden? Für einen fluchenden paßt sie eher, wenn nur die Hände geballt, statt die Finger gestreckt sind. Wie kann überhaupt ein so alter Mann, und denke er sich auch einen Orientalen, eine so heftige Bewegung machen? Die Kindlein sind zu klein, um so zu fühlen; die Bedeutung des Segens, wie die aufgehobenen Hände bezeugen, aber auch zu groß, um, wie das andere Kind, ohne Gefühl die Handlung mitanzusehen.

Erinnerungen und nichts als kalte, tote Erinnerungen an Freskogemälde Italiens ist dies Bild; ja sogar der trockene Ton der Kalkfarbe ist hier in Öl nachgeäfft. Einmal italienisch, einmal niederländisch, auch altteutsch sich aussprechen, ehren und loben unsere Kunstrichter, aber nach eigenem Gefühl, nach eigener Art seine Empfindungen aussprechen, wissen sie nicht zu erkennen.

Dies Bild ist schön gemacht, doch nicht durchdacht;
es ist erfunden, aber nicht empfunden.
Dies hier ist tiefempfunden, doch weniger durchdacht
und schlechter noch gemacht.
Dies Bild ist wohl empfunden und reiflich auch durchdacht,
doch weniger gut gemacht.

Dies sind also die Malereien des geistreichen Künstlers X, wie der Lobhudler oder die Urkunde ihn nennt. Was er bis jetzt geliefert, ist nicht mehr als eine Nachäfferei nach Claude Lorrain, nach Vernet und nach Schinkel. Wer selber Geist hat, kopiert nicht andere.

Von den vielen Christusköpfen, so ich gemalt gesehen, hat mich nur der von Tizian (Der Zinsgroschen) so eigentlich angesprochen. Bei manchen ist mir wohl der Gedanke eingefallen, wenn Christus wirklich so ausgesehen hätte, ich lieber ein Jude wäre. Von den beiden Köpfen hier gefällt mir dieser am besten, er scheint zu sprechen: «Liebet eure Feinde.» Aber jener könnte eher einen Moses darstellen, sprechend: «Aug um Auge, Zahn um Zahn!»

Dies ist ein Bild, so wieder an Bilder erinnert, aber nicht an Natur. Der es gemalt, gehört zum großen Haufen.

Des Künstlers Gefühl ist sein Gesetz. Die reine Empfindung kann nie naturwidrig, immer nur naturgemäß sein. Nie aber darf das Gefühl eines andern uns als Gesetz aufgebürdet werden. Geistige Verwandtschaft erzeugt ähnliche Werke, aber diese Verwandtschaft ist weit entfernt von Nachäfferei. Was man auch von XXX Bildern sagen mag, und wie ähnlich sie auch Y Bildern sind, sie sind dennoch aus ihm selbst hervorgegangen und sind sein Eigentum.

Welch eine Überladung von Gegenständen und doch, wie leer und tot das Ganze! Welch ein Aufwand von Farben, aber ohne Übereinstimmung zueinander und Ton im Ganzen! Welch eine Berechnung auf Wirkung oder eigentlich, welch eine Verrechnung der Wirkung; hell gegen dunkel im grellen Gegensatz ist nicht genug, um eine schöne Wirkung hervorzubringen! Aber wie groß der Wust von Dingen auch ist, so hier wirken sollen, die armselige Nacktheit und geistige Blöße vermögen sie doch nicht zu decken. Dies Bild gleicht einer Trödelbude, wo vieles durcheinanderliegt und aufgehäuft ist, aber nichts zueinander paßt. Der Maler X mag wohl, nach dem Bilde zu schließen, ein aufgeblähter Mensch sein, manches wissen, aber ohne Gefühl als die belebende Seele alles Wissens.

Man sagt von diesem Maler, er habe den Pinsel in seiner Gewalt. Wäre es wohl nicht richtiger zu sagen, er stehe unter der Herrschaft seines Pinsels. Nur durch seine Eitelkeit, im Malen zu glänzen und Pinselfertigkeit zu erlangen, opferte er das Höhere, Natur und Wahrheit, und gelangte so zu einer leidigen Berühmtheit, als praktischer Maler zu glänzen.

Die Bilder dieses Mannes gleichen unreifem Obst, so vor der Zeit vom Baume gefallen. Schade, daß seine Stellung es nicht zuläßt, alles gehörig in sich reif werden zu lassen.

Wiederum eine Schöpfung von XX Hand, denn anders kann man seine Bilder doch wohl nicht nennen. Ich möchte auch wohl einmal eine Schöpfung seines Geistes oder seiner Seele oder seines Gemütes oder Gefühles – oder wie man es sonst nennen will – sehen, oder gibt es solche gar nicht?

Wer will wissen, was einzig schön ist, und wer kann es lehren? Und wer, was geistiger Natur ist, Grenzen setzen und Regeln dafür geben? O ihr trockenen, ledernen Alltagsmenschen, ersinnt immerhin Regeln! Die Menge wird euch loben für die dargebotenen Krücken, wer aber eigene Kraft fühlt, verlacht euch.

Denen Herren Kunstrichtern genügen unsere teutsche Sonne, Mond und Sterne, unsere Felsen, Bäume und Kräuter, unsere Ebenen, Seen und Flüsse nicht mehr. Italienisch muß alles sein, um Anspruch auf Größe und Schönheit machen zu können.

Zwei Hälften machen ein Ganzes; wer aber halber Musiker und halber Maler ist, ist immer nur eine ganze Halbheit. So mag es wohl auch ganze Viertelheiten geben und noch mehr als das. Unsere Schulen scheinen es darauf anzulegen.

Ist der Mensch, mit reicher Phantasie begabt, glücklich oder unglücklich? Er ist glücklich, denn wo die Menge stumpf oder gefühllos vorübergeht, ist er zum Niedersinken voll Andacht und Anbetung zum Ewigen durchdrungen. Er ist aber auch unglücklich, denn da, wo andere ruhig, ohne etwas zu ahnen, vorbeigehen, fühlt er sich tief erschüttert und gedrückt. Er ist empfänglich für alles Schöne und Gute, aber auch gequält von allem Häßlichen,

Widrigen und Niedrigen, also im Gleichgewicht mit anderen Menschenkindern.

Es steht der Mensch Gott wie dem Teufel gleich nahe und gleich ferne. Er ist das höchste und niedrigste Geschöpf, das edelste und das verworfenste, der Inbegriff alles Guten und Schönen wie auch alles Verruchten und alles Verfluchten. Er ist das Erhabenste der ganzen Schöpfung, aber auch der Schandfleck alles Erschaffenen.

XXX, dessen Leistungen man so oft und so grell loben wie tadeln hört, ist wohl den bloßen Verstandesmenschen gegenüber ein bloßer Gefühlsmensch zu nennen. Ein dunkel ahnendes, dem Künstler selber selten zur Klarheit gewordenes Gefühl liegt immer seinen Bildern zugrunde. Dem geistig sehenden XXX verwandte Seelen sprechen solche Bilder wohl an, aber den wortreichen und gefühlsarmen, kalten Verstandesmenschen will so etwas nicht genügen. So lobt denn der eine Teil und der andere tadelt es.

Die Kunst tritt als Mittlerin zwischen die Natur und den Menschen. Das Urbild ist der Menge zu groß und erhaben, um es erfassen zu können. Das Abbild als Menschenwerk liegt näher dem Schwachen, und so erklärt sich auch wohl die öfter gehörte Äußerung, daß das Abbild mehr gefalle als die Natur. Oder die Redensart: Es ist so schön, als wenn es gemalt wäre; statt von einem Gemälde zu sagen, es sei so schön, als wenn es Natur wäre.

Über den Hang so vieler Menschen, alles so im Gebiete des Geistigen, Unendlichen Liegende, sei es Wissenschaft oder Kunst, in beengende Formen zu schmieden. Jeden freien Aufschwung der Seele möchten die Engherzigen hemmen, damit hübsch alles auf betretenen und ausgetretenen Wegen einhergehe. Laßt doch, ihr weisen Herren, jedes Streben ungehindert seinen Weg gehen, denn selbst die Verirrungen führen am Ende doch noch zu etwas Gutem. Jede Zeit hat ihren guten und bösen Geist; erkenne nur das Bessere der Gegenwart und stelle nicht, wie viele jetzt wollen, die Vergangenheit als unbedingtes Vorbild für die Gegenwart auf. Warnen könnte man allenfalls, aber hindern sollte man nicht.

Von wem ist wohl das Tierstück? Der Hund ist vortrefflich gemalt wie von XXX, aber der Kerl, so den Hund führt, sieht aus, als wenn ihn der Hund gemalt hätte.

Es ist jetzt einmal an der Zeit, wie in der Religion so auch in der Kunst: Man lästert die gesunde Vernunft und belügt das eigene Gefühl und betrügt sich und andere, als glaube man das Unglaublichste; und das nennt man echte Religiosität oder nach den schönsten Vorbildern geläuterten Kunstsinn. Was unsere Urväter in kindlicher Unschuld oder Blindheit geglaubt und getan, das sollen auch wir trotz aller bessern Erkenntnis noch immer glauben und tun.

Wie groß ist die Zahl derer, so sich Künstler nennen, ohne zu ahnen, daß noch etwas ganz anderes dazu gehöre als bloße Geschicklichkeit der Hand. Daß die Kunst aus dem Innern des Menschen hervorgehen muß, ja von seinem sittlich religiösen Wert abhängt, ist manchen ein töricht Ding. Wie nur ein reiner, ungetrübter Spiegel ein reines Bild wiedergeben kann, so kann auch nur aus reiner Seele ein wahrhaftes Kunstwerk hervorgehen.

Die einzig wahre Quelle der Kunst ist unser Herz, die Sprache eines reinen kindlichen Gemütes. Ein Gebilde, so nicht aus diesem Borne entsprungen, kann nur Künstelei sein. Jedes echte Kunstwerk wird in geweihter Stunde empfangen und in glücklicher geboren, oft dem Künstler unbewußt aus innerem Drange des Herzens.

Schließe dein leibliches Auge, damit du mit dem geistigen Auge zuerst siehest dein Bild. Dann fördere zutage, was du im Dunkeln gesehen, daß es zurückwirke auf andere von außen nach innen.

Die Maler üben sich im Erfinden, im Komponieren, wie sie's nennen, heißt das nicht etwa mit anderen Worten, sie üben sich im Stückeln und Flicken? Ein Bild muß nicht erfunden, sondern empfunden sein.

Sich in Widersprüchen aussprechen wollen, ist eine gewöhnliche Sache bei Malern, sie nennen es Kontrast. Krumm gegen grade, kalt gegen warm, hell gegen dunkel, das sind die sauberen Krücken, an denen die Erbärmlichkeit forthumpelt.

Ist es Absicht oder Zufall, daß diese Bilder nebeneinander aufgestellt sind? Denn die Verschiedenheit dieser beiden Leute und ihre Leistungen als bildende Künstler sind zu ungleich, als daß man es habe passend finden sollen, sie nebeneinander aufzustellen. Hat man mehrere Bilder des einen gesehen, so ist man geneigt, den Verfertiger derselben für einen tiefdenkenden, wenigstens für einen tieffühlenden Mann zu halten. Und im Leben und Umgang erscheint er fast das Gegenteil. Hingegen hört man den anderen sprechen über Kunst und alles Wissenswerte, so ist man voll hoher Erwartung, seine Leistungen als darstellender Künstler zu sehen. Aber man wird nur zu bald gewahr, daß zwischen dem Wort und der Tat noch eine große Kluft liegt, denn in seinen Bildern ist nicht die geringste Spur von seinen glänzenden, vielversprechenden Gesprächen zu erkennen, im Gegenteil lauter Unwissenheit und Unkunde selbst auch in den geringfügigsten Dingen. Es ist nicht allein von der Ungeschicklichkeit der Hand hier die Rede, sondern auch in geistiger Hinsicht sind seine Schöpfungen tot. Also wenn ersterer spricht und der andere den Pinsel in die Hand nimmt, so erscheinen alle beide als dumme Jungen und im umgekehrten Falle beide als achtbare Leute.

Die Bilder von XX verdienen nur als Gedanken, als Empfindungen Bewunderung, nicht aber [die] Malerei als Geschicklichkeit und Machwerk der Hand, sondern vielmehr als Ausstrahlung einer schönen Seele, eines tiefen frommen Gemütes haben sie hohen Wert. In eine Sammlung gehören sie nicht, aber in einem stillen Kämmerlein sind sie auf ihrem Platz.

Nicht alles, wie's andere tun und wie's andere treiben, ist deshalb auch als Nachahmung für alle zu empfehlen. Was jeder in sich trägt, wird und muß und kann auch nur jeder auf seine ihm eigene Weise ausüben; wer immer ängstlich links und rechts nach anderen sich umsieht, wie sie's tun und halten, in dem möchte wohl nicht viel verborgen liegen?

Warum ist dies Bild so groß, ist doch der Gegenstand so kleinlich, oder vielmehr die Auffassung desselben so kleinlich?

Groß ist dies Bild, und dennoch wünscht man es immer noch größer, denn die Erhabenheit in der Auffassung des Gegenstandes ist groß empfunden und fordert immer noch größere Ausdehnung im Raume. Es ist daher immer ein Lob für ein Bild, wenn man es größer wünscht.

Wenn man XX Urteil über die Gemäldesammlung zu … fällen hört, so sollte man fast glauben, daß nichts auch nur von einigem Wert daselbst zu finden sein müßte, so gar nichtig setzt er alles herab. Sieht man später des Sprechers eigene Arbeiten, so kommt man in die Versuchung zu glauben, er hat seine eigenen Arbeiten beurteilt. Was XX über die Kunst spricht, ist nicht ohne Wert und hört sich gut an und ist auch lehrreich, was er aber malt, sieht sich schlecht an und ist ohne allen Wert sowohl als Schöpfung des Geistes wie auch als Machwerk der Hand. XXX schadet sich damit, daß er *sich selbst* für einen Maler ausgibt, denn seine Bilder machen mißtrauisch gegen seine Gedanken, und an seine Ansichten über Kunst verliert man allen Glauben. Ein guter Maler und guter Sprecher möchte sich im Leben wohl schwerlich in einer Person vereinigt finden.

Daß XXX nur einen Lehrer hatte, war, wenn er auch ein geschickter Mann sein mochte, vielleicht sein Unglück. Hätte er mehrere Lehrer gehabt, so sich einander in ihren Ansichten und Dafürhalten widersprochen hätten, wie dies auf Akademien der Fall ist, so wäre XX eher auf sich selbst aufmerksam geworden und [hätte] Vertrauen zu sich selbst gefaßt. Ein so weiches, bescheidenes Wesen wie er konnte aber dem aufgeblähten dünkelhaften Meister nicht widersprechen, und so folgte er ganz gehorsam unbedingt, wie ihm geraten wurde, selbst gegen alle Neigung. Erst aus späteren Jahren, als er den zwar wohlgemeinten Rat nicht mehr haben konnte und also auf sich selbst angewiesen war, schreiben sich seine letzteren eigentümlichen Arbeiten her.

Bei Betrachtung so vieler nichtssagender Gemälde, sogenannter Kunstwerke, mit Ausnahme einiger weniger, wäre es da wohl einigen wenigen ehrlichen Menschen zu verdenken, wenn sie sich dahin äußerten, als sei es mit der ganzen lieben Kunst soviel als nichts, denn mit vieler Mühe und Fleiß und Geschicklichkeit und Sauberkeit nichts, gar nichts auszudrücken und ausgesprochen zu haben, ja nicht einmal den Schein, es beabsichtigt zu haben, ist doch wohl weniger als nichts zu nennen. Da sind die Bücherschreiber eher zu loben, so mit leichterer Mühe Worte machen, so nichts sagen, mithin gescheuter sind.

Wenn es denkbar wäre, einen Menschen leiblich und geistig chemisch zu zersetzen oder aufzulösen in breiartige Flüssigkeit, was würde dann wohl der Bodensatz von XX sein? – Ich glaube, Worte! – Wenn aber die Auflösung bis zur leichten Flüssigkeit getrieben würde, was denn der Niederschlag sein? Ich glaube, Buchstaben. – Ich würde dies nicht erwähnen, denn bei der Denkbarkeit einer solchen Auflösung würde es etwas ganz Alltägliches sein. Aber XX hat die Anmaßung, sich selbst als einen bildenden Künstler geltend zu machen, auch die Musik nicht ausgenommen. Dieses patzige Auftreten verdient nach meiner Meinung eine so derbe Zurückweisung.

Wortmacherei und nichts als Wortmacherei ist XX Sache; und verstünde er es nur eben recht, Worte zu machen, so wären wir gewiß auch gerecht genug, ihn für etwas Rechtes zu halten, etwa für einen Dichter. Er maßt sich aber auch an, für einen Maler zu gelten, und auch dies würden wir gerne glauben, wenn er uns etwas von seiner Malerei sehen ließe. Er findet es aber für gut und leichter und bequemer und auch wohl geratener, uns mit Worten abzuspeisen und immer Worte und nichts als Worte. Klingklang und nichts als Klingklang ist all sein Tun. Und auch dies wollten wir für etwas Schönes anerkennen, und was kann XX mehr verlangen, wenn es nur schön klänge; aber es klappert ja nur, und dies mißfällt uns, und wer kann es uns verdenken, wenn wir ihn für einen Windbeutel, einen Maulmacher und Hausnarren halten. Dieser Wisch in Öl geschmiert, genannt Bild von seiner Hand, wird zur Genüge zeigen, daß unser Urteil nicht zu hart ist.

Man sagt, daß jeder Maler zu seinen Menschengestalten immer die eigene Gestalt wählt, ohne es einmal zu wissen; ist er groß, so sind es auch seine Figuren, ist er klein, so werden sie es auch. XX wußte dies sehr wohl, so wie er überhaupt hunderttausenderlei Kleinigkeiten wußte. Um also nicht in diesen Fehler zu verfallen, malte er seine Figuren groß, aber mißtrauisch gegen sich selbst, malt er sie sogar ewig lang. Dies ist alles, was ich von seinen Leistungen zu sagen weiß.

Jedes Bild ist mehr oder weniger eine Charakterstudie dessen, der es gemalt, so wie überhaupt in allem Tun und Lassen eines jeden sich der innere geistige und moralische Mensch ausspricht. Je deutlicher aber und bestimmter und übereinstimmender alles Tun und Handeln und Schaffen im Einklang steht, je echter, je bestimmter ist auch wohl der Mensch, entweder gut oder schlecht. Man sieht diesen Bildern allerdings grobe Anmaßung an, dies spricht sich in den Gegenständen, so er sich zur Darstellung wählt, aus; so zum Beispiel hier mit Gewalt die Aufmerksamkeit auf sich zu lenken, als auch in der theatralischen Stellung seiner Figuren und Übertreibung der Formen wie auch in der Färbung, alles erscheint hier geziert und geschminkt. Sein roher, anmaßender Sinn kann sich nur in Übertreibung gefallen, den zartfühlenden Menschen können solche Dinge nicht erfreuen. Indessen hat XX ein großes Publikum für sich, und daran ist ihm vor allem gelegen; ist auch das große Publikum nicht allemal das beste, was kümmert es ihn?

Armer Teufel, du mühst dich vergebens ab, um dich zu erhalten! Erkennst du denn noch immer nicht, daß die Zahl deiner Gegner Legion ist, denen kein Mittel zu schlecht ist, weder einem Menschen zu schaden noch [ihn] zu begünstigen, wenn es ihr Vorteil erheischt? Die Wahrheit mit Spott, die Tugend mit Verhöhnung und die Rechtlichkeit mit Verachtung zu belegen, und umgekehrt Lüge, Verrat und Verleumdung zu beschönigen, sind diesen Herren Kleinigkeiten. Klugheit und List gilt diesen Leuten als erstes und höchstes Gesetz. Und wer ihrem Willen sich nicht fügen will, den verfolgt man mit Spott und Verachtung oder, wenn es geratener ist, mit scheinbarer Nichtbeachtung und Verleumdung, und sollte auch dies nicht helfen, so wird zu dem zweischneidigen Schwert, dem Hunger, gegriffen. Versteht sich, soviel sich's tun läßt, um sich ja nicht zu verraten und nicht etwa den Schein des Wohlwollens und der Herzensgüte aufs Spiel zu setzen, denn auf den Schein kommt es an bei diesen Herren. Mache, was du willst, Anerkennung werden deine Leistungen nie mehr finden, und in dem Grade, als man früher deine Arbeiten vielleicht übertrieben gelobt, wird man jetzt alles tadeln und verachten, denn du hast diese Ehrenmänner beleidigt und laut und unumwunden für Schufte erkannt, die, wenngleich [sie] nach ihrer Moral leichtsinnige Bubenstücke verüben, doch um alles in der Welt willen nicht als Schurken erscheinen wollen. Aber dieser dein Freimut wird dir den Hals brechen, und nimmer und nie wird man es dir verzeihen. Armer Teufel, du dauerst mich, denn sei versichert, wo du gehst und wo du stehst und wo du sitzest und wo du liegest und was du tust und was du treibst, man umschleicht dich von ferne (selbst dein Schreibtisch und Briefe sind diesen Leuten nicht verschlossen), und siehe, es geht kein Wort über deine Zunge, so diese Gauner nicht zu verdrehen wissen zu deinem Nachteile und ihrem Vorteile. Dein Bild hier würde gewiß unter anderen Umständen Anerkennung finden, und daß es hier überhaupt noch aufgenommen ist, hat gewiß noch seinen besonderen Grund, wohinter man die eigene Schuld verstecken will und damit zu täuschen glaubt.

XX mußte wohl das Vorgefühl haben, daß einst ein tüchtiger Maler aus ihm werden würde, so hat er sich öfter geäußert, und zwar zu einer Zeit, als es noch mit seinem Wissen und Können in weitem Felde war. Seine Leistungen aber haben es seit Jahren bewiesen, daß er sich nicht in sich geirrt wie so viele, sondern es ist wirklich und sogar ein ganz ausgezeichneter Maler aus ihm geworden. Je höher aber sein Wert steigt und anerkannt wird, um so mehr hört man den Wunsch laut werden, daß XX neben dem Verdienst der richtigen Auffassung und treuen Darstellung der Natur auch eine edlere, bedeutsamere Wahl des Gegenstandes sich angelegen sein lassen möchte. An Gefühl für das Erhabene in der Natur fehlt es ihm doch wohl gewiß nicht, denn frühere Bilder, ehe XX sich noch zu den geschickten Malern zählen durfte, beweisen dies. Man meint doch wohl Gegenstände zu wählen, so mehr und tiefer und inniger den Beschauer ergreifen und fesseln könnten. Alles in der Natur sei zwar bedeutsam und groß und schön und edel, aber mehr oder weniger bedeutsam und darstellbar und sich eignend und aussprechend für ein Bild. Aber das Schönste und das Höchste und das Ergreifendste darzustellen, wäre doch wohl die Aufgabe eines wahren Künstlers. Damit sind aber keineswegs unbedingt himmelhohe Berge und endlose Abgründe gemeint. Bis wir etwas Besseres gesehen aus neuerer Zeit, fühlen wir uns dankbar verpflichtet gegen Herrn XX für das, was er seit einigen Jahren geliefert. Wer aber geistig etwas Besseres erkannt hat, wie wir recht gerne glauben wollen, und auch darstellen kann wie XX, dem werden wir uns doppelt verpflichtet fühlen. Wie aber andere sich aussprechen, so ist in XX Bildern schon alles erfüllt, was je die Landschaftsmalerei auszudrücken vermag, so daß dessen Bilder als Vorbilder für alle Zeiten aufgestellt werden könnten. Kann denn wohl je die Malerei oder irgendeine Kunst erschöpft werden, oder hört sie schon deshalb nicht auf, eine Kunst zu sein, wenn ihr je ein Ziel gesetzt werden könnte?

XXX fühlt sich von seiner Zeit überflügelt und möchte gern die gute alte Vergangenheit, wo er galt und seine Lehren und Ansichten für gültig anerkannt wurden, erhalten und lieber alles Neue verdächtigen, wenn er es vermöchte. Seine beschränkte Lage gestattet es indes nicht, und vielleicht noch weniger sein beschränkter Sinn, zu machen, wie es der edle XXX getan: die ganze Kunst samt Palette schweigend an den Nagel zu hängen, denn mit der Zeit fortzuschreiten fühlte er, vermochte er nicht, und gegen sie ankämpfen, erkannte er für unvernünftig und niedrig. Unsere große und verhängnisvolle Zeit, die Zeit der Aufregung und Umgestaltung, so durch alle Zweige der Gewerbe und Künste und Wissenschaften greift, spricht er, hält keines Menschen Macht auf, denn ein Gott hat sie herbeigeführt und wird sie auch durchführen, und es hieße sich gegen den Willen des Allmächtigen auflehnen, und das sei ferne von mir. Und ferner spricht der fromme Mann: Oh, daß man doch jetzt die Worte der Heiligen Schrift erkennen möchte! Warum toben doch die Heiden, und die Menschen reden so vergeblich, die Könige der Erde treten zusammen und ihre Fürsten nehmen für, das umsonst ist.

Die wechselnden Ansichten und Meinungen oder vielmehr die wechselnden Redereien und Labbereien über Kunst und Handwerk derselben und ihre Lehrart sind wunderbar widersprechend. So zum Beispiel ist XX in seinen gesamten Bildern eine wahre Musterkarte von Manieren und Schulen und Arten und Weisen, und ebenso sind auch seine Gespräche über Kunst als Musterkarte aller Meinungen und Ansichten zu betrachten. Daß er dabei in die größten Widersprüche mit sich selbst geraten muß, versteht sich von selbst und ebenso, daß er für seine Person so eigentlich ohne alle eigentliche Meinung sein muß. Die Alten soll man ehren und vor einem grauen Haupt soll man aufstehen, spricht der Herr, und so spricht auch XX und empfiehlt die Weise unserer Vorfahren, wo die jungen Leute bei einem tüchtigen Meister unter strenger Aufsicht in die Lehre gegeben wurden, um sozusagen die edle Malkunst von der Pike auf zu erlernen und zuallererst das Farbenreiben; darin glaubt er das Heil der Kunst auch für unsere Zeit zu finden, ohne zu bedenken, daß so etwas zu nichts führen kann und am wenigsten für unsere Tage paßt. Ein andermal predigt er das Gegenteil und möchte lieber, daß man den angehenden Künstler wie das liebe Vieh in die freie Natur hinausjagte, um nur bei Leibesleben keine Manier sich anzueignen, als wenn überhaupt etwas geschehen könnte, ohne eine Art von Vortrag oder Manier, nur braucht sie nicht von andern geflissentlich als etwas Wesentliches erlernt zu werden, sondern die Weise und Art sich auszusprechen wird sich von selbst finden. Wiederum spricht er, die angeborene Eigentümlichkeit eines jungen Mannes sich ungestört entwickeln zu lassen, ist erste und ernste Berücksichtigung eines jeden Lehrers, somit aller Zwang aufgehoben. Bald ist unter den vielen Meinungen auch das seine Meinung: Strenge Nachahmung der Natur bis in jede Einzelheit sei Forderung der Kunst. Dann aber auch: Strenge, sklavische Nachahmung der Natur und übergroße Ausführung sei die verfehlte Kunst. Die Kunst müsse überhaupt nicht täuschen wollen, und eine so große Ausführung beenge die Einbildungskraft des Beschauers; andeuten müsse das Bild nur, vor allem aber geistig aufregen und der Phantasie Spielraum geben und lassen, denn das Bild soll nicht die Natur selbst darstellen wollen, sondern nur daran erinnern. Nicht die treue Darstellung von Luft, Wasser, Felsen und Bäumen ist die Aufgabe des Bildners, sondern seine Seele, seine Empfindung soll sich darin widerspiegeln. Den Geist der Natur erkennen und mit ganzem Herzen und Gemüt durchdringen und aufnehmen und wiedergeben, ist die Aufgabe eines Kunstwerkes. Bald wird gelehret, das Licht auf einen Punkt zusammenzuziehen, ist durchaus nötig, um eine Wirkung zu erzielen, und Rembrandt sei in diesem Falle als das größte Vorbild anzuerkennen. Dann wird auch wieder gelehret, solche gemeinen Mittel, um Knalleffekte hervorzubringen, müßte der echte Künstler verachten. Bald wird angeraten, recht viel Farbe aufzutragen, denn sonst hätte die Malerei keine Dauer; dann wieder das Gegenteil: Oh, recht sparsam die Farbe aufgetragen und öfter übermalt, denn sonst kann man keine Klarheit erhalten. Auch wird geraten, soviel als möglich alles aufs erste Mal fertigzumachen, um Klarheit und Leichtigkeit und Freiheit in Farbe und Pinsel zu erhalten, denn jede späte Übermalung wäre immer gebunden an die frühere Übermalung, mithin gebunden. Was ist nun aber bei so vielen widersprechenden

Meinungen und Lehren zu tun und zu lassen? Folge der inneren Stimme und nimm an, was dir zusagt, und lasse anderen, was jenen recht erscheint, oder beachte nichts von allem, denn nicht alles ist für alle! So viel und verschieden widersprechend auch die hier angegebenen Meinungen sein mögen, so besitzen wir doch aus früheren Zeiten in jeder Art Vortreffliches, und kann also als Beweis dienen, daß es weniger auf das Wie als auf das Was ankommt.

Dieser saubere Stahlstich ist bewunderungswürdig schön im Ton gehalten und ist gewiß von einem Engländer oder durch eine Maschine gefördert. Ein Teutscher kann so etwas Gott sei Dank nicht, und die Briten sind stolz darauf, es allein zu vermögen.

Ein Wort gibt das andere, wie das Sprichwort sagt, eine Erzählung die andere und so auch ein Bild das andere. Jetzt arbeite ich wieder an einem großen Gemälde, dem größten, so ich je gemacht: 3 Ellen 12 Zoll hoch und 2 Ellen 12 Zoll breit. Es stellt ebenfalls, wie das in meinem letzten Brief erwähnte Bild, das Innere einer zerfallenen Kirche dar. Und zwar hab' ich den schönen, noch bestehenden und gut erhaltenen Dom zu Meißen zugrunde gelegt. Aus dem hohen Schutt, der den inneren Raum anfüllt, ragen die mächtigen Pfeiler mit schlanken, zierlichen Säulen hervor und tragen zum Teil noch die hochgespannte Wölbung. Die Zeit der Herrlichkeit des Tempels und seiner Diener ist dahin und aus dem zertrümmerten Ganzen eine andere Zeit und anderes Verlangen nach Klarheit und Wahrheit hervorgegangen. Hohe, schlanke, immergrüne Fichten sind dem Schutte entwachsen, und auf morschen Heiligenbildern, zerstörten Altären und zerbrochenen Weihkesseln steht, mit der Bibel in der linken Hand und die rechts aufs Herz gelegt, an die Überreste eines bischöflichen Denkmals gelehnt, ein evangelischer Geistlicher, die Augen zum blauen Himmel gerichtet, sinnend die lichten, leichten Wölkchen betrachtend.

Was jetzt von den Hochschulen der Wissenschaften so oft gesagt wird, gilt auch von den Hochschulen der Künste. Die Zahl der Schüler wird immer größer und ist nicht wohl abzusehen, wie diese Menschen in der Folge alle ihren Unterhalt finden werden, gesetzt auch, es würde ein jeder geschickt in seinem Fache, was doch wohl nicht anzunehmen ist. Aber die Menschen sind einmal da, und ihre Neigung treibt sie unwiderstehlich zur Kunst, wie sie vorgeben. Wenn dem wirklich so ist, so glaube ich, hat auch niemand das Recht, jemanden zurückzuweisen, auch den Ärmsten nicht. Dem jungen Manne es an der Nase ansehen wollen, was später aus ihm werden könne, ja selbst nach einem oder einiger Jahre Prüfung, möchte wohl schwieriger sein, als mancher Herr Professor es glaubt. Aber an die oberen Behörden solcher Lehranstalten könnte man wohl die Frage richten: Wie kommt es, da man mit Besorgnis findet, daß die Zahl der zudrängenden Kunstschüler mit jedem Jahre sich vergrößert, daß man dennoch alljährlich verführerische Reizmittel als silberne und goldene Ehrenzeichen, Geld und Belobungsschreiben unter die Schüler verteilt? Verführt man nicht etwa die jungen Menschen dadurch, etwas zu erwählen, wozu sie doch keinen inneren Beruf fühlen? Nur falscher Ehrgeiz die Triebfeder ist? Wer wahrhafte Neigung und Liebe zur Kunst in sich fühlt, bedarf solcher Lockungen nicht, und wer dieser eitlen Dinge bedarf, dessen Sinn ist unlauter, und in ihm ist die Liebe nicht, und von ihm ist für die Folge nichts zu erwarten. Es ist wohl klar und bedarf der Erinnerung nicht, daß wer nicht aus innerem Antriebe die Kunst erwählt, nur um Gold oder leidiger Ehre willen sie treibt. Der kann ebenfalls wohl bei großem Fleiße ein tüchtiger Maler werden, aber Künstler nie. Hat denn die Kunst nicht etwa soviel Anziehendes in sich selbst, als daß sie solcher unlauterer Reizungen bedürfe? Oder ist hier mit der Menge etwas ausgerichtet, und bedarf es eines Heeres von Malern, um die Kunst zu fördern? Und wäre es wirklich ein Gewinn für die Kunst, wenn in solchen Lehranstalten mit Mühe und

Not des Lehrers wie des Schülers Erbärmlichkeit bis zur Mittelmäßigkeit heraufgeschraubt werden könnte? Und endlich frage ich und frage am stärksten: Glaubt man denn wirklich, daß es möglich sei, da, wo die Natur dem Menschen Anlage und Neigung versagt hat, durch Lehren und Regeln und maschinenmäßiges Üben etwas Gescheutes hineinzutrichtern? Wohl ließe sich zur Aufmunterung der Künstler und Förderung der Kunst ein [An-]Sporn denken, derart als ich ihn eben verworfen und gar für sündhaft erkannt habe. Aber dieser müßte auch so hochgestellt sein, daß er den Unberufenen nicht verführen und die Erbärmlichkeit sich nicht hinanträumen könnte. Nur wer schon als Auserwählter sich erwiesen, würde danach streben können. Die leidige Ehrsucht, eine Auszeichnung zu erringen, ist den Schwachen zu nahe gelegt und hat schon manchen verleitet. Und hat er endlich durch eisernen Fleiß das Stückchen Silber erhalten unter Pauken und Trompetenschall, dann lüstet ihn zu oft nach dem goldenen Ehrenzeichen. Er verliert abermals einige Jahre, wo er sich besser und der Welt nützlicher zu einem tüchtigen Geschäftsmann hätte umbilden können. Ehrsucht, leidige Eitelkeit war die Triebfeder seines Fleißes und die Frucht seiner Mühen ein Stückchen Silber und, wenn es hochkommt, auch ein Stückchen Gold.

Die äußere Form des Bildes ist hier nicht in Übereinstimmung mit dem dargestellten Gegenstand und zu hoch für die Länge, also ein wesentlicher Fehlgriff und für den zu bezeichnenden Charakter des Gemäldes sehr nachteilig. Ein Fehler, der aus Unkunde sowohl als auch aus Mangel an feinerem Gefühl sehr oft begangen wird. Wenn ich nicht allen Anmaßungen, wozu ich auch alle sogenannten Kunstregeln zähle, herzlich gram wäre, so könnte man vielleicht im allgemeinen annehmen, daß Darstellungen von Seestücken und flachen Gegenden eines mehr oder weniger länglichen Vierecks bedürfen. Hier sieht man es sehr deutlich, wie schwer es dem Maler geworden, das Bild dem gegebenen Raum anzupassen. Indes wäre ich doch der Meinung, daß XX den Raum dennoch besser für den Gegenstand hätte benutzen können. Übrigens habe ich mich über die anerkannten Verdienste dieses Künstlers schon früher lobend ausgesprochen.

Mir scheint es, als hätte der Maler diesen Gegenstand nicht richtig aufgefaßt, statt die Keuschheit des Josef darzustellen, macht er die Wollust der Potifar zum Hauptgegenstand.

Anders verkannt ist die Darstellung des heiligen Abendmahls von XXX. Es ist nichts als ein Abendessen, wo es sich die lieben Leute gut schmecken lassen, und der dicke Mann da scheint es sich wohl zur Aufgabe gemacht zu haben, den Becher auf einen Zug zu leeren, und zwar so, daß er die Nagelprobe besteht, denn sonst brauchte er den Becher wohl nicht so hoch zu halten. Alle sind beschäftigt mit Essen und Trinken, und an den Herrn und Meister, so sprechend dargestellt ist, kehrt sich niemand.

Wenn doch XXX lieber auf dem ihm seiner Natur nach angewiesenen engen Kreise bliebe, wo er schon so manches Schöne geleistet. Was soll zum Beispiel hier mit einem Male das Kreuz? Würde nicht an dessen Statt ein wiederkäuender Ochse viel besser dahin gepaßt haben? Äfft doch nicht gleich alles nach, wenn ihr euch nicht berufen dazu fühlt.

Viele Bilder habe ich heute gesehen, der größte Teil schmeckt nach Fabrik, viele nach Akademie, und ein kleiner Teil ist allenfalls eigene Schöpfung zu nennen.

Wenn der Maler mit seiner Nachahmung täuschen will, als sei er ein Gott, so ist er ein Lump. Strebt er aber bei der Nachahmung der unerreichbaren Natur nach edler Wahrheit, so ist er zu achten. Eben darin liegt ein hoher Genuß für den Menschen, wenn das Kunstwerk sich gleich als Menschenwerk darstellt und nicht als Gott, als Naturwerk täuschen will. Augenblicklich erscheint hier zum Beispiel die dargestellte Sonne in diesem Bilde von XX zu blenden, aber auch welch grober Unwahrheit und Übertreibung hat sich der Maler schuldig gemacht, um diese augenblickliche Täuschung zu bewirken. Durch Lüge wird der Mensch nie für die Dauer etwas Gutes bewirken.

Auf den ersten Blick stellt dieses Bild die Trümmer eines verfallenen Klosters als eine Erinnerung einer düsteren Vergangenheit dar. Die Gegenwart erhellt die Vorzeit. In dem anbrechenden Tag erkennt man noch die weichende Nacht. Das Auge wird im Bilde geleitet vom Lichte in die Dämmerung, von der Dämmerung weiter in die Dunkelheit, von der Dunkelheit noch weiter in die Finsternis. Vielleicht ist dieser Künstler ein Protestant und ihm hat, kann sein, bei der Darstellung von dem eben Gesagten so etwas vorgeschwebt.

Dieses Bild von XX erinnert mich wieder an das oft schon Gesagte: daß, wenn auch in unserer Zeit wiederum ein Raffael oder sonst ein ausgezeichneter Künstler wie die der Vorzeit aufstünde mit ebenso großen Naturanlagen und Fähigkeiten wie seine Vorgänger, er würde dennoch nicht wie jene malen. Seine Werke würden und müßten immer das Gepräge seiner Zeit an sich tragen, und der zweite Raffael würde also dennoch sehr verschieden von dem ersten in seinen Darstellungen sein, wenngleich beide einen Gegenstand behandelten. Darum ihr Herren von A bis Z, die ihr ewig Raffael und Michelangelo und andere mehr nachäfft, man wird eure Werke ebensowenig für eines dieser Meister erkennen als einen Affen für einen Menschen halten, wie er auch den Menschen nachahmt, wohl aber könnte man in Versuchung geraten, euch Herren, für nicht viel mehr als für Affen zu halten. Darum werdet gescheit und prüfet und erkennet euch selbst und eure Zeit.

Es ist wohl ein schwer Ding, streng gerecht gegen andere zu sein und sich selbst nicht zu überschätzen, so mit der Zeit, so mit dem einzelnen Menschen. Jede Zeit trägt ihr eigenes Gepräge. Jeder Mensch hat seine Art und Weise. Je mehr aber der Menschen Tun und Treiben der Natur oder Menschheit gemäß ist, je mehr verdient es Achtung und Nachahmung. Mit dem Fortschreiten der Zeit besteht ein ewiger Krieg, denn wo in der Welt sich etwas Neues gestalten will, und wäre es auch noch so entschieden wahr und schön, wird es dennoch vom Alten, Bestehenden bekriegt, und nur durch Kampf und Streit kann sich das Neue Platz machen und behaupten, bis es wieder verdrängt dem Neueren weichen muß. Aber nicht alles Verdrängen des Bestandenen vom Bestehenden ist allemal als ein Fortschreiten der Zeit in der Erkenntnis anzunehmen. Und dies in gegenwärtiger Zeit auf bildende Kunst angewendet, fragte sich's wohl noch, ob die neuere Landschaftsmalerei als Fortschritt der Zeit in der Kunst betrachtet werden könne. Ich glaube nicht, daß die Landschaftsmalerei so würdig aufgefaßt und dargestellt worden ist, als ihrem Wesen nach geschehen könnte und müßte. Aber ich glaube auch, daß sie ihrem Ziele schon näher gestanden als gegenwärtig, wo man mit Lüge beginnt und mit Lüge endigt, wo man durch Anhäufung von Gegenständen aneinander, hintereinander und übereinander die Bilder überladet, ich glaube Reichhaltigkeit geben will. Denn was die neueren Landschaftsmaler in der Natur in einem Kreis von 100 Graden gesehen, pressen sie unbarmherzig in den Sehwinkel von 45 Graden zusammen. Und was also in der Natur durch große Zwischenräume getrennt lag, berührt sich hier im gedrängten Raume, überfüllt und übersättigt das Auge und macht auf den Beschauer einen widrigen, beängstigenden Eindruck. Und das Element des Wassers zieht immer den kürzeren dabei, und das Meer wird zur Pfütze. – Dieses naturwidrige, prahlerische Streben nach Reichtum und Fülle wird dem Beschauer doppelt drückend und fühlbar dadurch, daß die neueren Maler immer den reinen, dunstfreien italienischen Himmel annehmen, wo selbst die sehr entfernten Gegenstände näher erscheinen, außerordentlich deutlich, scharf, bestimmt und dunkel vortreten. Sie beginnen mit einer reinen dunkelblauen Luft, wo der Unbefangene gleich beim ersten Blick übersehen kann, daß bei so geringen Mitteln, als dem Maler überhaupt zu Gebote stehen, das Bild nicht im gleichen Ton durchgeführt werden kann. Und da kann es denn nicht fehlen, daß im Mittelgrund schon alle Kraft und Saft der Farben verwendet ist und für den Vordergrund nichts übrigbleibt. Dann sollen ängstlich, dürftig, scharf gezeichnete einzelne Pflanzen und Kräuter, ja Feigen und Aprikosen und Weintrauben, selbst Schnecken und Ungeziefer alles ersetzen. Aber man mag gestehen, oder ist die Rechnung nicht doch ohne [den] Wirt gemacht? Wirft man diesen Herren vor: Luft und Ferne sind zu dunkel angefangen und zu sehr ins einzelne ausgeführt, so entgegnen sie: «In Italien erscheint die Natur so!» Ich will es keineswegs bestreiten. Aber ich frage, ob ein vernünftiger Mensch wohl eine Sache beginnen darf, ohne zuvor zu überlegen, ob er auch die Mittel habe, es durchzuführen bis ans Ende? Das heißt hier: bis auf den Vordergrund. Und muß denn der verjüngte Maßstab, in dem die Natur wiedergegeben wird, nicht auch berücksichtigt werden? Oder glaubt man wohl gar, man müsse der Natur in einzelnen Teilen so nahe als möglich zu kommen suchen, und wenn auch der Zusammenhang des Ganzen dadurch beeinträchtigt würde, und beinah möchte man es denken, denn aus dem Vorhergegangenen ersehen [wir], daß man mehr ein Zusammenquetschen als ein Zusammenhängen beabsichtigt. Ein ganz anderes ist es, wenn der Maler zu seiner Übung Ferne der Luft oder sonst einen Gegenstand wählt, da mag er immerhin auf den gewählten Teil seine ganze Palette verwenden, denn die Sache steht für sich allein. Die treue Nachahmung des landschaftlichen Vorbildes in der Natur hat man geflissentlich umgangen, und in den einzelnen Teilen nimmt man es ebensowenig genau, als es auf den ersten Blick wohl scheinen möchte:

Es ist zwar nicht der leidige flüchtige Takt der jüngstvergangenen Zeit; aber der Takt einer längstvergangenen Zeit, peinlich, ängstlich, dürr und dürftig, wobei vielleicht mehr verloren als gewonnen ist ... Noch hab ich kein Bild der neueren Schule gesehen, so auf mich einen günstigen Eindruck gemacht hätte, wohl einen quälenden durch das Zusammenpressen der Gegenstände, und einen zurückstoßenden durch die Härte der Farben und Formen und den Mangel an Luftperspektive, ohne gerade einen nordischen grauen Himmel zu wünschen. Und endlich einen widrigen Eindruck, weil man nirgends den reinen Willen sieht, die Natur einfach edel und groß darzustellen, wie sie ist, wenn man Sinn, Gemüt und Gefühl hat, es zu erkennen und aufzufassen. Wohl aber glaube ich überall das leidige Streben wahrzunehmen, alte Gemälde und Kupferstiche nachzuäffen! O heilige Natur! Wie oft mußt du der Mode weichen und Menschensatzungen Platz machen. Von dem großen historischen Stil, wodurch sich eben die neuere Landschaftsmalerei so besonders günstig auszeichnen soll, will ich schweigen; bis erst die Maler, so sie üben, und die Kunstrichter, so sie lobpreisen, bestimmter zeigen und wissen, was denn so eigentlich mit diesen Worten gemeint ist.

Es läßt sich der geringfügigste, ja wohl selbst schmutzigste Gegenstand in der Natur oder Wirklichkeit, malerisch aufgefaßt, dem Auge wohlgefällig als Bild wiedergeben. Aber ein edler Gegenstand, dichterisch-malerisch schön und gefällig dargestellt, fesselt und bleibt selbst noch bei geringerer Ausführung dennoch anziehend; dies bezeugen diese beiden Bilder von XXX und XXX.

Ist gleich XXX kein vorzüglicher Maler, aber ein besserer Landschaftsmaler oder Landschaftsdichter ist er gewiß als viele, so die Kunst mit dem Pinsel zu wackeln, schulgerecht erlernt haben. Er ist mir vor vielen lieb, und in seinen Bildern erkennt man immer ein tiefes Gemüt und einen denkenden Mann, so daß man allenfalls über die Dichtung das

Machwerk vergißt. Freilich, beides gepaart gibt erst die Vollendung.

Mehrere Schüler des Herrn X haben schon in auffallend kurzer Zeit es zu einem hohen Grad von technischer Fertigkeit im Malen gebracht, womit sie ihrem Meister Ehre gemacht. Merkwürdig ist aber, daß noch bis jetzt alle diese Schüler bei der angeübten toten Geschicklichkeit stehengeblieben und sie auch nur als einziges Ziel und Streben der Kunst anzuerkennen scheinen. Ob wohl die seltene Fähigkeit des Meisters, seine Zöglinge zu schnellen und geschickten praktischen Malern zu bilden oder zu hetzen, schuld an der Nichtbeachtung alles höheren Verlangens, ja Hintansetzung des eigenen Willens sei? Oder soll man annehmen, sie wären alle geborene Affen und nichts weiter? Man wird versucht zu glauben, daß die angeübte Meisterschaft der Pinselführung zur Anmaßung und [zum] Dünkel verleite, Anmaßung aber stehe der kindlich suchenden Bescheidenheit entgegen, und diese wiederum [ist] unbedingte Voraussetzung zur Erkenntnis alles Guten und Schönen und Wahren, also Natur, und ich möchte hinzusetzen: Feind aller nichtssagenden Pinselbravoure. Die Lehrart des Meisters erspart ferner dem Schüler alles Selbstdenken und Suchen und Versuchen und verbittet es wohl öfter, wenn es auch gerade hier nicht der Fall sein mag. Die schnellen Fortschritte schmeicheln dem Lehrer wie dem Lernenden. Ersterer möchte sich wohl gar in seinem Schüler wie in einem Spiegel wiedererkennen und wohl gar die stille Eitelkeit hegen, eine Schule zu bilden, um so gewisser seinen Namen und die Art und Weise zu malen auf die Nachwelt überzutragen, ohne zu bedenken, daß er eben dadurch zum Mörder des unantastbaren Eigentums – der Eigentümlichkeit seiner Schüler – wird und [sie] also dessen beraubt, wodurch sie in der Folge einst als wahrhafte Künstler auftreten können. Der auf solche Weise eingehetzte Schüler, wenn er je später zur Erkenntnis kommen sollte, daß ihn seine Manier abseits geführt, möchte [es] wohl schwerer haben, sie wieder abzulegen, als er Mühe gehabt, sie sich anzueignen. Nach einer Manier zu erlernen, muß man nicht trachten, diese kommt leider nur zu früh von selbst, ohne daß man sich erst Mühe darum zu geben brauche. Wie jeder Mensch seine eigene Art und Weise hat zu gehen, zu sehen, zu liegen, zu sprechen usw., so wird auch ein jeder eine Art zu malen bekommen, ohne zuvor ein besonderes Studium daraus gemacht zu haben. Die aber auf diese Weise erlangte Manier ist so eigentlich unser Eigentum und unserm Wesen angepaßt. Dieser Meister aber könnte einer Malerschule sehr nützlich werden, wenn ihm ein anderer Lehrer zur Seite oder gegenüberstände, so nicht allein durch Worte, sondern auch durch das, was er leistete, auf eine höhere, edlere und mannigfaltigere Auffassung der Natur aufmerksam mache, damit nicht der Pinsel einzig die Herrschaft über den Pinsler davontrüge.

Wenn ich diese Bilder von XX und XX nicht mit Stillschweigen übergehen will, so muß ich kurz wiederholen, was ich hier von andern Bildern mehr schon öfter gesagt. Miteinander verglichen, erscheint ersteres Bild mir mit so vieler Ausführung und Sauberkeit und dennoch mit so großer technischer Fertigkeit gemalt, einer geschmückten Leiche nicht unähnlich, das andere hingegen gleicht einer sinnig schönen denkenden Jungfrau, mit Lumpen behangen. Über das erste Bild ärgert man sich, weil mit so vieler Mühe und Sorgfalt und Sauberkeit nichts gesagt ist. Bei dem andern hingegen tut es uns leid, einen so schönen Edelstein in unedles Metall, in Blei gefaßt zu sehen.

Dieses Bild gibt einen Beweis mehr für das widersinnige Verfahren gewisser Herren, durchaus den Künstlern Aufgaben zu stellen, um, wie man sagt, als Kunstkenner und Kunstrichter, also in der Kunstgeschichte besser Unterrichtete, der Kunst oder vielmehr den Künstlern eine höhere Richtung zu geben. Ohne leugnen zu wollen, daß dies

Selbstbildnis. Kreide. Um 1810. Berlin,
Kupferstichkabinett und Sammlung der Zeichnungen

Hünengrab
am Meer.
Sepia. 1806.
Kunst-
sammlungen
zu Weimar

Gräber
gefallener
Freiheits-
krieger.
1812.
Hamburg
Kunsthalle

Das Kreuz im Gebirge (Tetschener Altar). 1808.
Dresden, Gemäldegalerie Neue Meister

Der Chasseur im Walde. 1813/14. Privatbesitz

Der Greifswalder Marktplatz. Aquarell. Um 1818.
Museum der Stadt Greifswald

Auf dem Segler. Um 1819. Leningrad, Ermitage

Riesengebirgs-
landschaft
mit aufsteigendem
Nebel.
1819/20. München,
Neue Pinakothek

Mondaufgang am Meer.
1822. Berlin,
Neue Nationalgalerie

Huttens Grab. 1824. Kunstsammlungen zu Weimar

Friedhofseingang. 1825.
Dresden, Gemäldegalerie Neue Meister

Frau am Fenster. 1822. Berlin, Neue Nationalgalerie

Gebirgige Flußlandschaft bei Morgen und bei Nacht.
Transparentbilder. Um 1830/35.
Kassel, Staatliche Kunstsammlungen

Ruine im
Riesengebirge.
Um 1830/34.
Museum der
Stadt
Greifswald

Das große Gehege
bei Dresden.
Um 1832.
Dresden,
Gemäldegalerie
Neue Meister

Das Eismeer.
Um 1823/24.
Hamburg,
Kunsthalle

nicht etwa recht not tun sollte, sieht man doch deutlich die leidige Eitelkeit im Hintergrund, gerne Vorschriften geben zu wollen und Preisaufgaben öffentlich ankündigen zu können und sich als Beschützer und Beförderer der Kunst breitzumachen. Dieser so sinnige Künstler, in dessen sonstigen Arbeiten immer ein tiefes Gemüt vorherrscht und jedes seiner Bilder ein Abdruck seiner reinen Seele ist, ist hier geistlos und tot zu nennen, denn die hier zu lösende Aufgabe war seinem Wesen durchaus fremd. Nur der ausgesetzte Preis zog ihn an, und hierzu zwang ihn seine drückende Lage. Zwar ist ihm der Preis zuerkannt, aber der Verein hat kein gutes Bild dafür erhalten, wozu man doch wohl bei einem so anerkannten geschickten Maler berechtigt sein konnte. Es ist dieses Bild nicht einmal mit der von ihm gewohnten Sauberkeit ausgeführt. Sollte es wohl nicht geratener sein, um die Kunst zu fördern, wenn jeder Künstler sich selbst die Aufgabe machte? Die aber, so gerne im voraus die Zusicherung haben möchten, nach gelungener Vollendung das Bild verkauft zu wissen, aufzufordern, zuvor eine Skizze dem Verein zur Prüfung vorzulegen, ob die gewählte Aufgabe für würdig anerkannt und die Auffassung des Gegenstandes der Gesellschaft genüge. Ebensowenig müßte von den Herren Kunstrichtern irgendein Zweig der Kunst (Blumenstücke) usw. ausgeschlossen sein, denn jede Gattung ist gewiß einer höheren Ansicht und Ausbildung fähig, um auf ein Kunstwerk Ansprüche machen zu können. Aber durch solche barbarischen Ausschließungen kann freilich nichts gefördert werden.

Der liebe Gott läßt zwar die Sonne scheinen über Gerechte und Ungerechte und spannt den Bogen der Gnade aus über die ganze Erde; will aber der Maler und überdies bei den Unvollkommenheiten der Mittel, so ihm zu Gebote stehen, einen Regenbogen darstellen, so muß er auch diese himmlische Erscheinung über eine dem erhabenen Gegenstand würdige Landschaft ausspannen, und nicht wie XX hier über ein paar wohlbekannten Bierkneipen erscheinen lassen. Es soll hiermit keineswegs gesagt sein, daß es unbedingt eine ganz besondere Gegend sein müßte, etwa eine große Schweizerpartie oder das unbegrenzte Meer, sondern ein bloßes Kornfeld wäre hinreichend oder sonst ein einfacher, aber nur würdiger Gegenstand.

Wie einfach und rein natürlich ist dieses Bild aufgefaßt, und ebendiese ungeschminkte, ungezierte Wahrheit wirkt so wohltuend auf den Beschauer und selbst noch auf den Verdorbenen, den Lügner, wie [ich] Gelegenheit gehabt zu beobachten. Die reinlich gekleidete Bauernfrau bindet mit stillem Wohlbehagen der hübschen Tochter eine neue Schürze um, und das junge Mädchen, den Kopf etwas gesenkt, und den Blick auf die Schürze geheftet, erfreut [sich], halbverschämt, mit erhöhter Röte im Gesicht des schönen Geschenkes. Man sieht an dem Gesangbuche, dem Taschentuche und Blumenstrauß auf dem Tisch, daß es Sonntag ist und Mutter und Tochter in die Kirche gehen wollen. Die Ausführung des Bildes ist der Auffassung gleich: sauber gemalt und bestimmt gezeichnet. Dieser Kreis von Bildern wird freilich von den Malern nur zu oft verkannt, und man glaubt nur Gemeinheiten im Leben darstellen zu dürfen, während sie doch wohl das höchste und schönste und edelste Familienleben, ja Welterleben, darzustellen berechtigt sein dürften. Als ob nicht unsere bewegte verhängnisvolle Zeit und was gestern und vorgestern geschehen, nicht ebenso würdig der Darstellung wäre als so manches, so vor Jahrhunderten oder Jahrtausenden geschehen? Unsere Bekleidungen mögen immerhin ein großes Hindernis sein, aber ein tüchtiger Künstler muß auch diese Schwierigkeiten zu besiegen wissen, und *Rauch* in Berlin hat es hinreichend bewiesen, daß sie besiegt werden können.

Sollte denn das wohl der hochgepriesene Kunstsinn unserer Zeit sein, sich in knechtischer Nachäffung einer früheren, wenngleich schönen Kunstzeit zu gefallen? Sollte man je Fug und Recht haben, einem Jahrhundert alle Kraft des Selberschaffens absprechen zu dürfen, ohne sich selbst zu beleidigen und an dem neunzehnten Jahrhundert zu versündigen. Die Sklavenseelen unserer Tage verkennen ihre Zeit und einige auch sich selbst bei wirklich schönen Anlagen und Fähigkeiten. Zu dieser Knechtschaft führt aber das ewige Reden und Predigen des unbedingten Gehorsams und Gehorchens und des Aufgebens des eigenen Willens und selbständiger Kraft.

Das Vertrauen auf sich selbst und das ihm von Gott anvertraute Pfund darf der Mensch nie aufgeben, ohne sich an seiner Menschennatur und an seiner Zeit zu versündigen. Ist es aber nicht, wenn wir aufrichtig sein wollen, etwas Widriges, ja oft Ekelhaftes, vertrocknete Marien mit einem verhungerten Jesuskind im Arme zu sehen, und mit papierenen Gewändern bekleidet. Oft auch wohl mit Absicht verzeichnet und geflissentlich Verstöße gegen [die] Linien- und Luftperspektive gemacht? Alle Fehler jener Zeit äfft man täuschend nach, aber das Gute jener Bildwerke, das tiefe, fromme, kindliche Gemüt, was diese Bilder so eigentlich beseelt, läßt sich freilich nicht mit den Fingern nachahmen, und es wird den Heuchlern nie gelingen, selbst dann noch nicht, wenn man auch mit der Verstellung so weit gegangen und katholisch geworden. Was unsere Vorfahren in kindlicher Einfalt taten, das dürfen wir bei besserer Erkenntnis nicht mehr tun. Wenn große Leute wie die Kinder in die Stube scheißen wollten, um damit ihre Unschuld oder Schuldlosigkeit beweisen zu wollen, möchte wohl nicht gut aufgenommen und geglaubt werden.

Vieles hab' ich von diesem Künstler und seinen Eigenheiten und Arbeiten reden hören, lobend und tadelnd. Ich meinesteils muß gestehen, daß seine Bilder, wenn auch nicht alle, doch oft reine Schöpfungen, aus ihm selbst hervorgegangen und frei von aller Nachäffung, zu nennen sind. Ein Verdienst, was um so mehr zu beachten ist, je seltner es in unserer Zeit geworden. Gesetzt auch, XX hätte nicht allemal das dabei gedacht und empfunden, was seine Lobredner darin zu sehen glauben, so ist es doch schon ein großes Verdienst und vielleicht das größte eines Künstlers, geistig anzuregen und in dem Beschauer Gedanken, Gefühle und Empfindungen zu erwecken, und wären sie auch nicht die seinen. Ich gebe zu, daß der Maler nur zu oft den Wert einer Malerei nach dem Grad der Geschicklichkeit und Fertigkeit des Pinsels und der Behandlung und Auftragung der Farben [zu] beurteilen vermag, [der] findet die Gemälde von XX nicht allemal lobenswert. XX ist vor allen Dingen nur um den darzustellenden Gegenstand und was er dabei empfindet zu tun und leider nur zu oft mit Vernachlässigung der bestimmten und sauberen Ausführung. Er denkt nur an den darzustellenden Gegenstand und will vor allen Dingen diesen und die Natur, nicht sich und seine Geschicklichkeit zeigen. Die Zahl derer, so in den entgegengesetzten Fehler verfallen, ist Legion. Beides verbunden macht erst ein Ganzes, doch hätte ich zu wählen, ich zählte mich lieber zur Zahl der ersteren.

Ich getraue mich nicht, meine Meinung über diese Bilder von XX, wie sie mir heute erscheinen, auszusprechen, denn sie mißfallen mir gerade jetzt. Vor einem Jahr sah ich ebendiese Bilder, freilich unter anderer Umgebung und nicht zwischen einer so stark gefärbten oder geschminkten Umgebung, wie sie zur Zeit Mode geworden, und in besserer Beleuchtung und vielleicht auch besserer Stimmung und in Gesellschaft von sachkundigen Leuten, und alle waren erfreut darüber. Mein heutiges Mißfallen kann also nicht als Tadel für diese Bilder genommen werden, sondern ist vielleicht nur meiner augenblicklichen Unempfindlichkeit für ihre Schönheiten zuzuschreiben. Läßt es sich doch selbst die Natur, wenn sie uns erbärmlichen Menschen nicht allemal gefällt und anspricht, gefallen. Was bekümmert sie sich darum, wenn wir unempfindlich und stumpfsinnig gegen ihre Schönheiten sind. Wieviel mehr sollten daher die

Menschen bescheiden und geduldig und ruhig ertragen, wenn ihre Leistungen nicht immer und allemal jedem gefallen. Manche Maler sagen zwar, so einer Ungewißheit können sie nicht begegnen, und sie würden gewiß jedesmal gleich den Wert oder Unwert eines Bildes zu beurteilen wissen. Aber solche Maler beurteilen auch öfter nur ein Bild nach der Art und Behandlung der Farben und [dem] Auftrag derselben, und sind diese nur mit Sicherheit oder Fertigkeit oder gar Keckheit und im Gegensatze mit Sauberkeit und Zartheit behandelt, so ist alles, was man von einem Bilde fordern kann, erfüllt, und weiter gehört zur Beurteilung eines Bildes auch nichts, wie diese Herren meinen. Ob ein Bild (eine Landschaft zum Beispiel) wirklich Charakter hat und dieser überall richtig durchgeführt ist; ob überhaupt der Beschauer dadurch in eine Stimmung versetzt wird oder sich ergriffen fühlt; ob Dunkelheit oder Hellheit gehörig gegeneinander abgewogen; ob die Linien schön und sanft ineinandergreifen oder schön und schroff gegeneinanderstoßen, wie es der Charakter des Bildes eben fordert, oder ob der Ton zum Charakter des Ganzen und die Farbe des einzelnen glücklich gewählt ist, kurz, ob das Ganze richtig und tief empfunden oder bloß kalt und tot erfunden – dieses kann der Maler nicht zu jeder Zeit und der Beschauer ebensowenig zu jeder Stunde beurteilen. Dazu gehört die rechte Stimmung, so nicht in des Menschen Gewalt steht, und [das] beruht auch nicht auf Regeln, so der Verstand ergrübelt, sondern auf einem feinen Gefühl, wofür ich keine Worte weiß [und wofür] es [auch] vielleicht keine gibt und [was] wohl nur immer Meinung nach jedermanns besonderer Eigentümlichkeit bleiben wird.

Die Blumen dieses Künstlers, die, wenn sie gleich auch nicht immer die strenge Beurteilung eines Pflanzenkundigen aushalten mögen, haben dennoch viel Wert und verdienen die Anerkennung eines jeden Malers. Und dennoch mußte XX bei aller seiner Geschicklichkeit Hunger leiden und hatte nicht einmal seine Blöße zu decken. Jetzt aber, da er tot ist, werden seine Arbeiten mehr beachtet und von Kunstfreunden besser bezahlt. Seine Bilder werden sogar nachgeahmt und unter seinem Namen verkauft. Wie oft geschieht es nicht, daß ausgezeichnete Leute ihr ganzes Leben hindurch unbeachtet bleiben und erst nach ihrem Tode die verdiente Anerkennung finden. Dahingegen andere, so im Leben viel galten und bewundert und reichlich bezahlt wurden, gleich aber nach ihrem Hinscheiden wieder vergessen und ihrer nicht mehr gedacht, so daß selbst die Zeitgenossen sich nicht genug verwundern können über die eigene Verblendung. Selbst da noch, als schon einige Männer es wagten, sich für und gegen diese Personen zu erklären, aber sie wurden verachtet und verlacht und für bestochen und für Verleumder gehalten und nicht beachtet.

Wäre ich nicht durch das viele und vielerlei Gesehene für heute zu abgestumpft, diese Landschaft von XX würde gewiß auf mich einen noch größeren Eindruck gemacht haben, als es jetzt der Fall ist. In ruhiger, stiller Dämmerung, der Scheide zwischen Tag und Nacht, stehen noch die gewaltigen Überreste vergangener Jahrhunderte und erheben sich in Spitzbogen und Wölbungen als Zeugen früherer großer Vergangenheit über die kränkelnde Gegenwart. Im Innern der Mauern, noch stark genug, die jüngere Zeit stützen und schützen zu können, lehnt sich die auch schon morsch gewordene Hütte eines Greises. Er selbst, gelehnt auf seine Krücken, sieht über eine zertrümmerte Mauer in die offene See hinaus und scheint einem neben ihm stehenden Jüngling seine Lebensgeschichte zu erzählen. Wie unter gleicher Umgebung mir einst ein Greis seine Lebensgeschichte erzählte: Wie er selbst, schon Ruine unter doppelten Ruinen, lebe und wie er drei Söhne gehabt, so die Stütze seines Alters hätten sein können, aber allen dreien im Meeresgrunde der Ostsee, der Nordsee und der

Südsee ihr Grab bereitet worden [ist] vom harten Geschicke.

Ist das Bild wahrhaft empfunden, so schadet das Hineinreden anderer nur zu leicht. Ist aber das Bild nicht empfunden und alles nur Machwerk der Hand, so ist auch das Belehren und Hineinreden anderer ebenfalls nur unnütz; denn wer so steht, erfaßt auch nicht das tiefempfundene Wort. Auf sein geistiges Selbst ist der Mensch, der Maler angewiesen. Daher die Eigentümlichkeit und Einheit in diesem Bilde. In der Abgeschiedenheit, worin XX lebt, weiß er von so vielem nicht, was Anmaßung und Dünkel zum Gesetz erhoben, und als solches Lehren ihn also auch nicht verleiten können. Nicht unterwiesen zu sein, ist oft für geistig begabte Menschen ein Glück. Das viele Lehren und Unterweisen ertötet nur zu leicht, wie schon gesagt, das Geistige im Menschen und erhebt etwa die Erbärmlichkeit zum Mittelmäßigen empor. Der Schade ist größer als der etwaige Gewinn.

Nicht die geistige Auffassung eines Gegenstandes in der Landschaftsmalerei gilt jetzt mehr als Aufgabe, wenn auch mit dem ernsten Bestreben, treu und wahr die Natur nachzubilden, sondern die Forderung der Zeit ist treue Nachäffung der Körper, also Längen, Breiten und Höhen und Formen und Farben; denn damit hätte man auch schon den Geist erfaßt nach dieser Herren Meinung, denn ebendarin könne sich ja nur der Geist aussprechen. Man nennt dies reine, demütige, kindliche Hingebung und Aufopferung des eigenen Willens. Also nicht wollen, sondern nur malen soll der Maler! Denn selbst das, was durch das leibliche Auge vom geistigen Auge aufgenommen worden, hält man schon für Anmaßung und rechnet es schon als Sünde an. Habe ich diese Herren anders recht verstanden oder hat man sich selbst verstanden, wie ich kaum glaube, denn es widerspricht meinem Gefühl und meiner Vernunft, aber das Gefühl, lehren diese Herren, ist schon Sünde. Also nur was man mit leiblichen Augen gesehen und strenge und getreu nachgeäfft, sei Aufgabe und Forderung unserer Zeit, der Kunst. Ich gestehe frei und offen, daß ich nimmer und nie dieser Meinung beistimmen werde. Allerdings gestehe ich gerne, daß diese Bilder von XX, so allen diesen Forderungen dieser Zeit entsprechen sollen, viele und große Verdienste haben, und ich mich der treuen Nachahmung der Einzelnen erfreut. Aber das Ganze hat für mich wenig Anziehung, eben weil ich das innige geistige Durchdrungensein des Künstlers von der Natur vermisse. Es sind also auch diese Gemälde bei allen Vortrefflichkeiten wie so viele andere für mich wenigstens ohne belebende Seele. Ich bin weit entfernt, den Forderungen der Zeit, wenn es nicht anders bloße Mode ist, entgegenzuarbeiten und gegen den Strom anschwimmen zu wollen, sondern lebe vielmehr der Hoffnung, daß die Zeit ihre eigene Geburt vernichten wird, und das bald. Aber noch weniger bin ich so schwach, gegen meine Überzeugung den Forderungen meiner Zeit zu huldigen. Ich spinne mich in meiner Puppe ein, mögen andere ein Gleiches tun, und überlasse es der Zeit, was aus dem Gespinste herauskommen wird, ob ein bunter Schmetterling oder eine Made.

XX galt für einen Künstler, als er noch keiner war, jetzt, da er es ist, gilt er nichts mehr. Früher galt er bei andern, jetzt gilt er sich selbst etwas. Viele ziehen das erste, wenige das zweite vor.

Wiederum ein Bild des hochgepriesenen genialen XX. Ich muß aber gestehen, daß ich mehr seine Geschicklichkeit als seine Genialität bewundere. Seine große Sauberkeit und Fertigkeit im Malen nimmt meine ganze Achtung in Anspruch, wie ich das Gewebe einer Spinne bewundere; aber Geistestiefe geht ihm ab. Was er darstellt, ist ziemlich immer dasselbe und vom Alltäglichen wenig entfernt. Wie er es aber vorträgt oder ausführt, wenngleich immer nach einem gewissen Schnitt und Takt, doch immer mit zu ehrender großer Geschicklichkeit. Wenn der Ruf ihn genial nennt, so ist es wohl weiter nichts, als eine Verwechslung des Körperlichen mit dem Geistigen, wie es im Leben wohl öfter verwechselt wird und insbesondere bei Würdigung eines Gemäldes, denn sind die Farben nur dreist und dick aufgetragen und rasch gemalt, so nennt man den Pinsler genial. Ebenso verhält es sich auch mit dem, was man öfter Idee in einem Gemälde nennt. Auch die größte Flachheit kommt öfter zu dieser Ehre.

Dieser Maler lebt einzig vom Diebstahl. Man kann XX einen frechen, aber auch zugleich einen bescheidenen Dieb nennen. Denn da, wo er nicht ganze Gruppen stehlen kann, begnügt er sich auch mit einzelnen Figuren. Und wo auch das nicht zulässig ist, mit einzelnen Armen und Beinen, ja bescheidet sich wohl gar mit bloßen Händen und Füßen usw. Um jedoch seinen Diebstahl zu verbergen, zeichnet er seine Studien, wie er [sie] nennt, durch klares Papier, um es leichter umdrehen zu können und sich so sicherer hinter die Verkehrtheit oder Umgekehrtheit zu verstecken. Gütige Kunstrichter nennen so etwas: die Alten studiert haben und klüglich benutzen; aber strengere Kenner nennen es Armseligkeit. Viele Köpfe unter einen Hut [zu] bringen, wäre die zu lösende und zu empfehlende Aufgabe solcher Maler; wer aber dies versteht, braucht nicht zu betteln und braut kein Ragout aus anderer Schmaus.

Man tadelt XX, daß er so wenig Abwechslung in seinen Darstellungen zeigt und fast immer dieselben Gegenstände auftischt. Ich finde diesen Tadel ungerecht, denn wenngleich in den Gegenständen nicht große Mannigfaltigkeit ist, so sind sie doch immer in der Auffassung eigentümlich dem Gegenstand angemessen aufgefaßt und verfehlen daher nie die Wirkung auf den Beschauer. Und es möchte wohl eine unbillige Forderung unserer Zeit zu nennen sein und als Schuld unserer Erziehung erkannt werden können, von einem alles zu fordern, allumfassend zu sein. Die Natur gab nicht einem alles, aber jedem etwas. In jedem einzelnen Gegenstand aber liegt eine Unendlichkeit der Auffassung und Vielseitigkeit der Darstellung. Ich erkenne und ehre auch darin eine Größe, wenn jeder, wie schon gesagt, die ihm von der Natur angewiesene Grenze erkennt und sich bescheidentlich darin zu halten weiß und nach Kräften wirkt, als sich gewaltsam über sich selbst hinausschwingen zu wollen.

Es ist immer ein eigener Gedanke zu nennen für einen Landschaftsmaler, die Weihnachtsfeier und Christbescherung darstellen zu wollen. Die Auffassung des Gegenstandes ist ebenfalls eigen zu nennen und die Ausführung sauber und als gelungen zu betrachten trotz der vielen zu besiegenden Schwierigkeiten, denn so tiefdunkel auch hier der Schnee gehalten werden mußte, erkennt man dennoch den Schnee. Was sich XX als Ziel gesetzt, darf man wohl sagen, hat er auch erreicht; ob aber dieser Gegenstand nicht höher und würdiger hätte können und müssen aufgegriffen werden, wäre wohl eine zu machende Frage. Es ist zwar unverkennbar im Bilde das Weihnachtsfest ausgesprochen: Man sieht am dämmernden Himmel den Morgenstern leuchten und die Musikanten vom Turme blasen, und stattlich gekleidete Männer und Frauen trippeln durch die enge beschneite Gasse aus der Frühkirche der Wohnung zu. Auch den Christbaum sieht man durch das Fenster im Erker glänzen und erkennt sogar den erfreuten Sohn, wie er dankbar küßt die Hand des Vaters. Aber trotz aller gebührenden Anerkennung sollte man meinen, der Beschauer dürfte wohl noch höhere Anforderungen an eine bildliche Darstellung dieses Festes machen, nur frage man beileibe mich nicht, wie es geschehen könnte. Eine leise Ahnung glaube ich indes doch davon zu haben.

Über Gebühr wurde XX sonst in öffentlichen Blättern gelobt, über Gebühr wird er jetzt in ebenden Blättern und vielleicht von ebenden Leuten getadelt. Mit auffallender Gleichgültigkeit hat er die Lobhudeleien aufgenommen, und mit wenigstens scheinbar verachtender Gleichmütigkeit nimmt er den Tadel an. Die Zeit seines Ruhmes wußte oder benützte er nicht, um sich Geld zu erwerben; ob er aber mit seinem Gleichmut den Schaden wird abwehren können, den ihm die Tadler zu bereiten suchen, bezweifle ich fast. Diese Herren tragen Bosheit im Herzen, und man sieht wohl, daß es im Rate der Geheimnisvollen beschlossen ist, diesen Mann zu vernichten. Seit Jahren hat man seine Leistungen mit Stillschweigen übergangen, und dennoch sind seine Bilder jetzt erwiesen besser als sonst. Jetzt fängt man an zu tadeln und ebendas zu tadeln und nichtig zu machen, wodurch er sich jederzeit lobenswert ausgezeichnet, und halb und halb zu loben, was nicht zu loben ist – echt jesuitisch. Wie wir aus vielem zu erkennen glauben, trägt die Clique keine Bedenken, auch das niedrigste Mittel in Anwendung zu bringen. Wir möchten XX raten, ja auf seiner Hut zu sein. Doch was sage ich: sich hüten! Vor diesen Filzläusen der Menschheit kann sich niemand hüten! Hier könnte man wohl die Worte der Heiligen Schrift anführen, jedoch in entgegengesetzter Bedeutung: «Und hättest du auch Flügel der Morgenröte und flögest bis an [den] äußersten Rand des Meeres.» Diese Luder sind auch da. Bei schon vorgerückten Jahren wird XX unsicher und sein Auge stumpf, wenngleich sein Geist noch lebendig ist. Aber dies wäre schon genug für seine Gegner, ihm zu schaden. Für wahnsinnig erklärt man ihn jetzt schon und möchte ihn lieber in einem Irrenhaus eingekerkert wissen, um ihn los zu sein, den lustigen Trotzkopf, der durchaus nicht glauben will, daß schwarz weiß sei.

XX ist bekannt wegen seiner Neigung, düstere Gegenstände zu malen, ohne daß man jedoch in seinem Umgang Heiterkeit des Herzens vermißte. Seine Freunde aber sind bemüht, ihn von dieser Neigung abzulenken und beauftragen ihn deshalb, heitere Gegenstände zu malen. Seiner Natur nach kann er doch nie mit Wohlgefallen und Lust solche Aufträge ausführen, während er mit heiterem Sinne trübe Lüfte und ernste düstere Landschaften darstellen würde. O ihr Gutmütigen, die ihr so ganz und gar nicht das innere Drängen und Treiben der Seele erkennet! Und nicht den Menschen, wie ihn der liebe Gott geschaffen und geprägt und gestempelt hat, wollet, sondern wie die Zeit und die Mode es will. Über Charakterlosigkeit klagt unsere Zeit, und doch, wo er nur einigermaßen angetroffen wird, sucht man ihn zu unterdrücken. – O Herr! Vergib diesen Herren! Denn sie wissen nicht, was sie tun, denn sie bewirken das Gegenteil von dem, was sie beabsichtigen!

Wer könnte wohl jetzt noch von diesem Mann mit Wohlgefallen ein Bild ansehen? Und doch machte dieser Mann vor einem halben Jahrhundert großes Aufsehen. Wer möchte jetzt wohl noch Reden über Kunst von ihm vortragen hören, womit er zu seiner Zeit die Menschen fesselte, so daß sie gläubig die Mäuler aufsperrten, als flössen Worte der Weisheit wie Honigseim von seinen Lippen. Und wird es nicht etwa nach fünfzig Jahren ebenso stehen mit dem, was jetzt gemalt, geschrieben und geredet wird? Und wird man denn nicht ebenso urteilen über unsere Ansichten und Meinungen über Kunst? Wird man nicht alles für beschränkte Engherzigkeit und Unwürdigkeit halten! Und wenn unsere Zeit das Schicksal hätte, verlacht zu werden von unserer Nachkommenschaft, wäre es nicht eher für Gewinn, für Glück als für Unglück zu nehmen? Wäre es nicht ein Zeichen, daß die Menschheit immer höher in der Erkenntnis der Ansichten und in den Fähigkeiten und Geschicklichkeiten der Ausübung gestiegen? Der Trost bei allem Wechsel der Zeiten ist und bleibt doch wohl ewig, daß die Besseren aller Zeiten immer von den Besseren der Nachkommenschaft achtend anerkannt worden [sind], von dem Standpunkte der Vorzeit aus betrachtet. Und endlich darf man denn nicht wohl zur Ehre der Gegenwart sagen, daß man nicht mehr so störrisch und dumm dem fortschreitenden Geist in den Weg tritt oder wohl gar lieber steinigen möchte, als es wohl früher gewesen sein mag?

Man läßt allenfalls jetzt eher die Eigentümlichkeit eines jeden gehen und ehrt auch das Gute von heute und gestern in seiner Art, und es bedarf nicht erst zur Anerkennung, daß es nach diesem oder jenem alten Meister schmecke oder in seiner Manier sei.

Wäre X nicht nach Rom gereist, er wäre vielleicht jetzt weiter in der Kunst. Seit er von da zurück ist, hat er sich sehr gebessert. Er huldigte in Rom auch der Mode und ward Anhänger von Koch, nicht Schüler der Natur mehr. Seit er aber zur Erkenntnis gekommen ist, daß die Natur die beste, nie irrende Leiterin ist, haben seine Leistungen bedeutend gewonnen. Als malender Dichter wird er wohl nie etwas von Bedeutung leisten. Er sieht im gewöhnlichen Leben nur das Gewöhnliche, was tiefer liegt, bleibt ihm fremd. Die Poesie, zu der er sich zuweilen gehoben fühlt, ist eigentlich nichts als eine kränkelnde Hypochondrie. Ihm fehlt der Kompaß, der innere Magnet, durchs Gebiet zu steuern. Daher sieht er sich immer nach der allgemeinen Heerstraße um, daß er sie ja nicht aus den Augen verliert, sonst ist er auch verloren.

Dahingegen ist sein Freund X, der mit ihm zugleich in Rom lebte, ein treuer Knecht von Koch geblieben. Und [es] ist zu verwundern, daß das schöne Italien, Rom und Neapel ihn so weit auftauen konnten, seine frühere trockne Manier zu verlassen. Nach Norden zurückgekehrt, ist [es] wohl nicht denkbar, daß ihn je die Natur für Natur erwärmen werde. Trocken und tot schreibt er nach, wie's andere vor ihm geschrieben haben, und gehört also zu dem großen Haufen derer, so mit so vieler Geschicklichkeit und Sauberkeit nichts zu sagen erlernt haben.

X wollte einen Felsen im Meere darstellen, und ist ein Stein im Wasser daraus geworden; solche Fehlgriffe sind nicht selten. Er wollte indes doch etwas, und dies muß man wenigstens ehren, als wenn man nichts und auch gar nichts als die Absicht sehen läßt zu zeigen, wie weit man es in der Kunst, mit dem Pinsel wackeln zu können, gebracht hat.

Bilder malen, wie man etwa erlernen kann, auf einem Bein zu stehen oder auf einem Seile zu gehen (das heißt: so lange die Hand üben wie jene die Füße, bis man es endlich kann), ist doch wohl nicht der rechte Weg; oder Pinselkünstler und Seilkünstler stehen auf gleicher Stufe. – Daß es leider im allgemeinen so ist, gebe ich zu, [daß es] aber nicht so sein sollte, behaupte ich.

Welche Riesenschritte macht doch XX seit ohngefähr fünf bis sechs Jahren, jedes neue Bild übertrifft das frühere bei weitem, und was man in früheren Bildern tadeln mußte, findet man in den nachfolgenden nicht mehr, und was man in seinen Landschaften sonst lobend anerkennen mußte, muß man in den späteren Bildern bewundern. So daß ich fast mit seinen Lobrednern einstimmig sagen möchte, daß er wohl mit Recht als ein Vorbild unserer Zeit anempfohlen werden könnte, wenn auch nicht als unbedingtes Vorbild, wie jene meinen, denn das bleibt immer und ewig die Natur. XX ist immer ein Kind seiner Zeit wie alle Menschen, und auch ihm tritt vielleicht die nächstfolgende Zeit auf den Nacken. Wohl ihm, wenn er nicht nach eitlem Ruhme jagt, sondern immer nur, wie jetzt, das Rechte und Wahre will, Natur und Wahrheit. So hat er seine Pflicht erfüllt und wird gewiß zu allen Zeiten immer als ein bedeutender Mann seiner Zeit anerkannt werden, wie ihn auch etwa die ferne Zukunft überflügeln möchte.

Man ehret diesen Mann außer seiner großen Fertigkeit und Geschicklichkeit im Malen auch noch insbesondere deshalb, daß er so viele geschickte Schüler gezogen hat, denen er allen unverkennbar sein Siegel aufgedrückt. Ob das letztere so recht eigentlich zu loben sei, möchte wohl noch dahingestellt sein. Ich glaube, daß es wohl eigentlich für einen Tadel gelten könnte, so den Stempler wie den Gestempelten träfe. Zu loben wäre es nach [meiner] Meinung eher, wenn der Meister seinem Schüler nicht seinen Stempel aufgedrückt, sondern weniger eitel gewesen und mit weiser Klugheit die jedem seiner Schüler angeborene Eigentümlichkeit und Neigung genau beachtet und unangetastet gelassen: denn was die Natur einem jeden insbesondere verliehen, das ist eben das gegebene Pfund, womit der Mensch wuchern soll. Denen Schülern aber möchte man zurufen: «Habet Achtung vor der Stimme der Natur in euch.»

Ich muß bei diesem Bilde von XX wiederholen, was ich schon so oft und vielfältig gesagt, nämlich daß die Kunst nicht eine bloße Geschicklichkeit ist und sein soll, wie selbst viele Maler zu glauben scheinen; sondern so eigentlich und recht eigentlich die Sprache unserer Empfindung, unserer Gemütsstimmung, ja selbst unsere Andacht, unser Gebet sein sollte. Und ich freue mich, hier einmal wieder gefunden zu haben, was man so selten findet. Ich vermag es nicht auszusprechen, was ich jedesmal empfinde bei Betrachtung dieses Bildes, aber ich fühle mich gehoben, ergriffen und bewegt. Der Gegenstand ist es nicht, so mich ergreift; denn er ist eben nicht außergewöhnlich. Das Machwerk einer Meisterhand ist es auch nicht; wohl aber der Erguß einer reinen, tief und innig ergriffenen, bewegten Seele. Und es fragt sich, ob der Maler im ganzen Umfange es weiß, was er hier auf der Tafel dargestellt hat, viel weniger, daß er es in Worten aussprechen könnte. Was wir hier als überlegt und klüglich angeordnet gelobt, ist ihm vielleicht selbst unbewußt geworden; denn der Künstler war bei der Ausführung dieses Bildes in reiner Harmonie aufgelöst und sein Gefühl wurde sein Gesetz, und seine Stimmung, seine geistige Erhebung konnte nur solche Früchte tragen wie dieses Bild. – So betet der fromme Mensch und redet kein Wort, und der Höchste vernimmt ihn; und so *malet* der fühlende Künstler, und der fühlende

111

Mensch versteht und erkennt es, aber auch der Stumpfere ahnet es wenigstens.

Wie ganz anders sind dieses Malers Ansichten über Kunst, wie ich sie aus seinem Munde vernommen. Er spricht: «Sinnliche Schönheit, versteht sich, rein erhöhte Sinnlichkeit, ist erste, ist einzige Forderung, so man an ein Kunstwerk zu machen hat. Aber keineswegs ist es Forderung, daß ein echtes Kunstwerk religiöse heilige Empfindungen in uns erwecken soll, wie nach Hegels Philosophie gelehrt wird, ebensowenig daß die Landschaftsmalerei oder sonst ein Zweig der bildlichen Darstellung davon ausgeschlossen sei; denn alles kann für den sinnigen Menschen Bedeutsamkeit erhalten und von einer schönen Seite aufgefaßt werden und den Beschauer in eine erhöhte Stimmung versetzen. «Ein schönes Gesicht», fährt unser Sprecher fort, «oder ein schöner Arsch sind beides würdige Gegenstände für den Bildner, denn es ist beides Natur, und der Schöpfer offenbart sich in der Natur dem Menschen durch Schönheit und Mannigfaltigkeit der Gestaltungen und Pracht der Farbe aller Art, und dies soll und muß der Künstler einzig auch nur wollen und nichts anderes, wenn die Kunst nicht in kränkelnde Empfindsamkeit ausarten soll, statt heitere Lebenslust zu erwecken.» Mit dieser Anschauung über Kunst, so nach seiner Behauptung auch die Meinung der alten Griechen und besseren Italiener gewesen sein soll, gestehe ich, kann und mag ich mich nicht befreunden. Ich meinesteils fordere von einem Kunstwerk Erhebung des Geistes und – wenn auch nicht allein und ausschließlich – religiösen Aufschwung. Es ist zwar nicht zu leugnen, daß dieses Bild hier einen schönen, wohlgefälligen Eindruck auf den Beschauer macht als vermeinter einziger Zweck der Kunst, aber auch weiter nichts. Und dieses wollte ich mir allenfalls noch gefallen lassen, wenn es nicht jetzt als einzig geltend aufgestellt, empfohlen und gelehrt würde und gelehrt werden sollte.

Spottet nicht! Dieser Maler hat mehr Verstand in seinen Fingerspitzen als ihr Herren alle! – Freilich nur in den Fingerspitzen, übrigens ist der Kerl hohl.

Der Maler soll nicht bloß malen, was er vor sich sieht, sondern auch, was er in sich sieht. Sieht er aber nichts in sich, so unterlasse er auch zu malen, was er vor sich sieht. Sonst werden seine Bilder den spanischen Wänden gleichen, hinter denen man nur Kranke oder gar Tote erwartet. Dieser Herr XX hat nichts gesehen, was nicht jeder andere auch sieht, so nicht geradezu blind ist, und vom Künstler verlangt man doch, daß er mehr sehen soll.

Dieser Maler weiß, was er macht, und jener fühlt, was er macht; könnte man doch aus beiden einen machen!

Da spuken einmal recht die Manen der Verstorbenen in die Gegenwart herüber. Dietrichs Geist ist in diesen Bildern von XX von neuem auferstanden. Schwerlich aber glaube ich, daß diese Mummerei jetzt so günstig aufgenommen wird, als weiland geschehen. Es gibt doch Menschen, so durchaus kein inneres Leben haben, sondern nur andern ihr Dasein erborgen müssen, und hier gar von einem Selbstborger zu borgen, das ist doch zu arg.

Es liegt eine große Tugend darin, seine Schwäche zu fühlen und zu erkennen und sich bescheiden auf die uns von der Natur angewiesenen engen Grenzen zu beschränken und darin nach Kräften zu wirken und zu schaffen. So ist der jüngst verstorbene XX durch seine Kopien in seiner Art groß zu nennen und steht als einzig da und verdient alle Achtung, wovon diese Zeichnung zeuget.

Dieser XX will mit Gewalt Original sein und wählt als Mittel dazu, aus dem Kehricht der andern [das] als nichts bedeutend Übersehene [als] Nahrung für sich zu suchen, und das möchte man ihm immerhin gönnen, nur sollte er nicht das größere Publikum dazu einladen. Eine alte formlose, keineswegs einmal malerische Bretterbude oder irgendein Pißwinkel sind seine Gegenstände, und diese hübsch ängstlich mit feinen Strichen, steif und trocken ausgeführt, so recht nach Art alter Kupferstiche. Dann wählt er auch wieder Gegenstände so – ich glaube – gar keiner bildlichen Darstellung fähig sind wie zum Beispiel seine ... Er scheint es auch selbst zu fühlen; denn mit schönen goldenen Buchstaben ist darunter bemerkt, was jedes bedeuten soll, möchte auch wohl sonst niemand entfernt auf den Gedanken kommen; denn ohne allen Plan und inneren Zusammenhang sind hier sieben Zeichnungen zu einem Heft als ein Ganzes vereinigt, doch nur mit Zwirn. Wohl besser durchdacht und überlegt und unter sich zusammenhängend und ineinandergreifend sind die sieben Zeichnungen von XX; nur fragt es sich, ob der gewählte Gedanke für die darstellende Kunst geeignet ist und nicht die Grenzen der Bildnerei überschreitet.

Zum Schluß möchte ich die Frage aufwerfen: Macht der Mensch die Zeit oder die Zeit den Menschen? Bei Betrachtung einer Reihenfolge von älteren und neueren Kunstwerken scheint mir die Frage sehr nahezuliegen, wie jeder Zeit ihre Grenze gesteckt ist und über das Ziel der Zeit hinaus auch der genialste Mensch nicht kommen kann; oder wo es einmal gelungen, die Grenze zu überschreiten, von der Mitwelt durchaus nicht anerkannt oder wohl gar für verrückt erklärt wurde, die spätere Nachkommenschaft erkannte es erst. Ist der Menschengeist wirklich frei oder an Zeit und Ort gebunden? Die Arten der gewählten Darstellungen oder das Darstellungsvermögen im Gebiete der bildenden Kunst scheinen in gewissen Zeitabschnitten sich sehr deutlich und deutsch auszusprechen, sowohl in der Verschiedenheit der geistigen Richtung als in der Verschiedenheit der praktischen Ausführung. Selbst die Art, Gewänder zu zeichnen, die Art, alles hart oder alles weich und verblassend zu sehen oder es doch zu machen oder alles flach oder alles rund zu sehen. Oder auch Luftperspektive entweder gar nicht beachtet oder zu stark bezeichnet. Auch in der Ferne entweder alles übertrieben braun oder blau oder violett oder grün zu sehen. Diese Wahrnehmungen, so sonderbar, ja lächerlich sie auch klingen mögen, sprechen für die Meinung: Die Menschen sind nicht so frei über Zeit und Ort erhoben, als es viele glauben.

Ein Wunder, daß sich hier zwei Bilder von XX noch erhalten und nicht längst ihren Platz neueren Leistungen haben einräumen müssen; ein Winter- und ein Nebelbild, beide jetzt verschriene Gegenstände und der bildenden Kunst unwürdig und überdies von geringem Gehalt, wie man meint. Erfreuen soll die Kunst, so will es die Mode, vor einigen Jahren konnte der ernste Winter im Bild auch erfreuen, jetzt aber nicht mehr. Wessen Auge und Sinn zu stumpf ist, das große weiße Tuch, der Inbegriff der höchsten Reinheit, worunter die Natur sich zu einem neuen Leben vorbereitet, mit seinem zarten Farbenspiel zu erkennen, oder wessen Phantasie arm ist und im Nebel nichts als grau sieht, [bei dem] läßt sich die Abneigung wohl erklären. Wenn eine Gegend sich in Nebel hüllt, erscheint sie größer, erhabener und erhöht die Einbildungskraft und spannt die Erwartung gleich einem verschleierten Mädchen. Auge und Phantasie fühlen sich im allgemeinen mehr von der duftigen Ferne angezogen als von dem, so nah und klar vor Augen liegt. Aber Nebel und Winter sind einmal in Verschiß gekommen, und wer verbürgt es nun, ob nicht den rauhen, todverkündenden Herbst bald ein gleiches Schicksal bedroht. Und wie alles im ewigen Wechsel sich kreist, so kann der schwüle, drückende Sommer auch einmal von unsern Kunstrichtern die Schüppe bekommen, und mit dem zarten Jüngling, dem Frühling wird man auch nicht viel Umstände machen, und so kommt dann natürlich der Winter wieder zu Ehren. Alles ist der Mode unterworfen, sei nur ein Narr mit, das Widerstreben ist vergeblich! Jetzt reist man aus schönen Gebirgsgegenden nach Paris und, wenn es sein kann, über Holland oder über Berlin nach Dresden, München, Wien und Florenz nach Rom und Neapel, um die alten Meister auf den dortigen Galerien zu studieren und sich einen edlen Stil und schöne Manier in der Landschaftsmalerei anzueignen. Und was gelegentlich auf dem Wege von einem Ort zum andern der älteste Meister aller Meister für jedermann aufgestellt hat, wenn auch stil- und manierlos, wird natürlich wohl mitbetrachtet, soweit es der Eilwagen gestattet, jedoch vorsichtig und für jetzt mit K... brillen oder Grillen das will sagen: Alles, was man sieht, und wäre es auch ringsum, in einem Bilde zusammenzuquetschen, und dies nennt man Reichtum in der Komposition.

Wer unbesonnen genug von einer Naturerscheinung behauptet, sie sei der bildenden Kunst unwürdig, verdient wohl keine Beachtung, und dennoch haben unsere Kunstrichter noch neuerdings dies getan. Wohl jede Erscheinung in der Natur, richtig und würdig und sinnig aufgefaßt, kann ein Gegenstand der Kunst werden. Und wäre es bis jetzt noch von keinem Bildner so aufgefaßt, so ist damit noch nicht gesagt, daß es künftig nicht geschehen wird; darum verrammle man den Leuten nicht den Weg, wie der X [H. v. Q.] es will.

Ramdohrstreit
um den Tetschener Altar

Der Tetschener Altar

C. D. Friedrich

Beschreibung des Bildes
Auf dem Gipfel des Felsens steht hoch aufgerichtet das Kreuz, umgeben von immergrünen Tannen, und immergrüner Epheu umwindet des Kreuzes Stamm. Strahlend sinkt die Sonne, und im Purpur des Abendrotes leuchtet der Heiland am Kreuz.

Beschreibung des Rahmens
Der Rahmen ist nach Herrn Friedrichs Angabe von Bildhauer Kühn gefertigt worden. Zur Seite bildet der Rahmen zwei gotische Säulen. Palmzweige steigen daraus empor und wölben sich über dem Bilde. In den Palmzweigen sind fünf Engelsköpfe, die alle anbetend niederschauen auf das Kreuz. Über dem mittelsten Engel steht im reinsten Silberglanze der Abendstern. Unten ist in länglicher Füllung das allsehende Auge Gottes, vom heiligen Dreizack eingeschlossen [und] mit Strahlen umgeben. Kornähren und Weinranken neigen sich zu beiden Seiten gegen das allsehende Auge und deuten auf Leib und Blut dessen, der an das Kreuz geheftet ist.

Deutung des Bildes
Jesus Christus, an das Holz geheftet, ist hier der sinkenden Sonne zugekehrt, als das Bild des ewigen allbelebenden Vaters. Es starb mit Jesu Lehre eine alte Welt, die Zeit, wo Gott der Vater unmittelbar wandelte auf Erden. Diese Sonne sank, und die Erde vermochte nicht mehr zu fassen das scheidende Licht. Da leuchtet vom reinsten edelsten Metall der Heiland am Kreuz im Golde des Abendrots und widerstrahlt so im gemilderten Glanz auf Erden. Auf einem

119

Felsen steht aufgerichtet das Kreuz, unerschütterlich fest wie unser Glaube an Jesum Christum. Immergrün, durch alle Zeiten während, stehen die Tannen um das Kreuz, wie die Hoffnung der Menschen auf ihn, den Gekreuzigten.

Über ein zum Altarblatte bestimmtes Landschaftsgemälde von Herrn Friedrich in Dresden, und über Landschaftsmalerei, Allegorie und Mystizismus überhaupt

F. W. B. von Ramdohr

Ich trete ungern öffentlich hervor mit der Beurteilung eines Werkes von der Hand eines lebenden Künstlers. Wäre dasjenige Altarblatt, welches der Landschaftsmaler Herr Friedrich während der letztverflossenen Weihnachtsfesttage hier in Dresden zur Beschauung ausgestellt hat, ein Werk, verfertigt nach Grundsätzen, welche eine lange Erfahrung erprobt und das Beispiel großer Meister geheiligt hat – es möchte vortrefflich oder schlecht sein – ich würde schweigen. – Das Gewöhnliche und Schlechte fällt von selbst. Es ist Maxime der Klugheit, seine Ruhe in literarischen Verhältnissen nicht ohne Not aufs Spiel zu setzen. Aber das Bild des Herrn Friedrich weicht von der gewöhnlichen Bahn ab: Es eröffnet eine neue, mir wenigstens bisher unbekannt gebliebene Ansicht der Landschaftsmalerei; es zeugt von einem phantasiereichen, gefühlvollen Künstler; es teilt die Meinung des Publikums; es macht Effekt auf den großen Haufen. Und wenn ich nun sehe, daß die Tendenz, die hier das Talent nimmt, dem guten Geschmack gefährlich wird, daß sie dem Wesen der Malerei, besonders der Landschaftsmalerei, ihre eigentümlichsten Vorzüge raubt, daß sie mit einem Geiste in Verbindung steht, der die unglückliche Brut der gegenwärtigen Zeit und das schauderhafte Vorgesicht der schnell heraneilenden Barbarei ist – dann wäre es Pusillanimität zu schweigen: Pusillanimität für jeden Mann, der glauben darf, durch Darlegung seiner Gründe Kunst und Wissenschaft in ihrer fehlerhaften Richtung aufhalten zu können;

Pusillanimität aber besonders für mich, der ich mit Abwerfung der Bande, die mich vorhin an das Lokalnützliche hauptsächlich hefteten, der Ausbreitung des Guten und Schönen überall in ihrem grenzenlosen Gebiete den kurzen Rest meiner Tage geweiht habe.

Ich wiederhole es, ich sage es deutlicher und bestimmter: Nicht gegen das Bild des Herrn Friedrich ist meine Kritik gerichtet, sondern gegen das System, das daraus hervorleuchtet; gegen eine Menge mir scheinender Begriffe, die jetzt in Kunst und Wissenschaft einschleichen; gegen Fehler, die das Bild zum Teil nicht zeigt, die aber mit denjenigen, die ihm eigentümlich sind, im nahen Zusammenhang stehen. Das Publikum wird mich daher entschuldigen, wenn ich über ein einzelnes Bild einen so weitläufigen Aufsatz in seine Hände bringe.

Der wahre Standpunkt des Kritikers, des Schriftstellers über die Kunst, wird oft verkannt. Er kann dem Künstler nicht sagen, wie er es angreifen soll, um ein gutes Kunstwerk zu liefern. Nach einer Theorie der Kunst ist noch nie eines mit Erfolg gedichtet oder gemalt worden. Aber der Kritiker wird nützlich durch Warnung: dem Genie, wenn dies auf neuen Bahnen wandeln will; dem Zeitalter, wenn es entweder durch blinden Glauben an herrschende Manier eingeschläfert ist oder durch abenteuerliches Blendwerk oder Überraschung bezaubert wird. In dieser Rücksicht haben die Mengs, die Winckelmanns, die Reynolds unstreitige Verdienste. Sie haben verdrängt den Kirchenstil, den Boudoirstil, denjenigen insipiden und falschen Geschmack überhaupt, der in der ersten Hälfte des 18. Jahrhunderts herrschte. Freilich sind sie nun wieder Veranlassung geworden zu der ekelhaften Manier, aus ängstlich zusammengelesenen und kopierten Bruchstücken der lebenden Natur, der Werke großer Meister und der Antike kaltes Flickwerk zusammenzusetzen oder gar den Marmor zu kolorieren, und zu jener nicht minder fehlerhaften [Manier], auf den bloßen Effekt von großen Massen

122

in Formen und Beleuchtung hinzuarbeiten und mit Vernachlässigung der Wahrheit des Details illuminierte Skizzen statt vollendeter Werke zu liefern. Aber diese Fehler unserer Zeit kommen nicht auf Rechnung der umittelbaren Absicht jener würdigen Schriftsteller. Warum wollte der Maler von ihnen lernen, wie er es machen sollte? Wie er es nicht machen sollte, das allein konnten sie ihn lehren.

Voll von dieser bescheidenen Ansicht meines Berufes, wende ich mich an das Publikum und besonders an Herrn Friedrich mit meinen Zweifeln an der Vortrefflichkeit seines Werks. Ich kenne kein anderes von ihm als das angezeigte Altarblatt. Ich kenne den Verfasser nicht von Person. Ich habe allgemein von seinem Charakter, von seinen Schicksalen, von seinen Talenten mit Achtung und Anteil sprechen hören. Ein doppelter Grund, in meiner Kritik denjenigen Ton von Urbanität zu beobachten, der billig das erste sein sollte, was uns der Dienst der Musen lehren kann! Aber auch ein vermehrter Grund, mich von aller Parteilichkeit loszusprechen! Ich rede frei von jeder fremden Eingebung; keiner Partei zugetan, als der längst verstorbener Meister, eines Claude Lorrain, Nicolas und Gaspard Poussin, Ruisdaels und – de ce bon sens. Hélas! si rare, et di digne d'encens!

Erfüllen mich diese mit Vorurteil, so verdienen sie wenigstens eine achtungsvolle Prüfung.

Ehe ich an die Beschreibung und an die Beurteilung des Altarblattes von Herrn Friedrich gehe, muß ich einem Einwurfe begegnen, der, wenn er begründet wäre, meine Kritik sofort zum Schweigen bringen würde. Man kann sagen: «Das Bild macht Effekt, was will man weiter?» Allerdings macht es Effekt und beweist daher, daß Herr Friedrich dasjenige besitzt, was Diderot «das Geheimnis» nannte. Aber eben weil er diese schätzbare Anlage besitzt, muß er doppelt über sich wachen, damit sie nicht zum Nachteile der Kunst mißbraucht werde. Sonst wird das Geheimnis, Emotionen bei dem großen Haufen zu erwecken, zur gefährlichen Scharlatanerie. Der Effekt beweist nichts für die Güte eines Werks. Als Algardi und Bernini in der Skulptur malten, als Cortona und seine Nachfolger in der Malerei phantasierten und Boucher und seine Schule in der nämlichen Kunst buhlerisch witzelten, da staunten ihre Zeitgenossen dasjenige an, was wir jetzt mißbilligen und was uns zum Teil anekelt. Ein schönes Kunstwerk soll uns alle Jahrhunderte nach uns um Bewunderung ansprechen. Die Kraft des Ansprechens erhält es von dem Genie des Künstlers, von seinem Geheimnisse; aber das Immerwährende, die Dauer dieser Kraft ist gebunden an die Beachtung solcher Grundsätze, die abgeleitet werden dem eigentümlichsten Wesen derjenigen Kunst, zu der das Werk gehört.

Jetzt zu dem Gemälde! Die Größe dessen ist ungefähr von 3 Fuß Breite und 4 Fuß Höhe. Den untern Teil nimmt eine felsige Bergspitze ein. Diese ist mit Tannen bedeckt, von denen einige von der Rückseite des Berges her mit ihren Wipfeln hervorragen, eine aber auf der Vorderseite jedoch nur bis zur Hälfte des Stammes hervorragt; denn der größte Teil desselben, nach der Wurzel zu, wird durch den Rahmen abgeschnitten. Die Tannen, die von der Rückseite hervorragen, sind ziemlich symmetrisch an beiden Seiten des Abhanges des Berges hin geordnet, wenigstens bilden sie keine Gruppen. Sie gehen stufenweise in die Höhe bis zu zwei ungleichen Felsblöcken, die wie eine Art Berghörner sich gegeneinanderneigen und soviel Raum lassen, als nötig ist, ein Kruzifix dazwischen zu stellen. Die Christusfigur ist von Bronze und kehrt sich mit ihrem Vorderteile im Dreiviertelprofil nach der Rückseite des Berges zu, so daß der Zuschauer von jener Vorderseite kaum ein Viertel zu sehen bekommt. Der Boden des Berges zeigt ein paar Granitblöcke und einen steinigen, mit Moos hin und wieder bewachsenen Boden, aus dem ein paar junge Fichten und Föhren mühsam hervorstreben.

Diese pyramidenförmige Erdmasse zeichnet sich scharf auf dem Himmel ab, der oben ein schmutziges Violett zeigt, unten etwas röter wird, endlich aber in ein kaltes

Gelb ausgeht. In dem oberen Teil schwimmen zinnoberrote Streifen. Das Ganze aber wird von Strahlen durchschnitten, die den sehr niedrigen Stand der Sonne anzeigen und übrigens nichts auf der Erdmasse erleuchten als einige Teile an der Christusfigur am Kreuze, den Kopf nämlich, den Unterleib und die Knie. Alles übrige auf dieser Bergmasse, selbst das Kreuz, deutet eine Dämmerung an, die mit der Nacht einen so ungleichen Streit führt, daß man sie, vorzüglich in einiger Entfernung, mit Finsternis verwechseln muß.

Daß hier eine allegorische Deutung unterliege, kann von dem unbefangenen Beschauer nicht bezweifelt werden. Dahin führt der Rahmen, der das Bild umfaßt, mit seinen Symbolen, von denen ich weiter unten reden werde. Der Rahmen aber muß die Billigung des Künstlers für sich haben, weil das Gemälde von demselben umgeben zur Beschauung ausgestellt ist. Es führt aber auch dahin die Bestimmung des Gemäldes zum Altarblatte. Das darin angebrachte Kruzifix, zwei oder drei Zoll hoch, dem Beschauer den Rücken zukehrend, kann jene Bestimmung nicht rechtfertigen. Es leidet keinen Zweifel, hinter der Naturszene, die der Maler dargestellt hat, liegt eine allegorische Deutung verborgen, die den Beschauer auffordern soll zu einer frommen, auf den Genuß des Abendmahls sich beziehenden Stimmung.

Welches ist diese allegorische Deutung? Ich will sie entwickeln. Habe ich weniger gesehen, als ich sehen sollte, desto schlimmer für Herrn Friedrich, warum hat er sich nicht deutlicher ausgedrückt? Warum rechnet er bei einem Gemälde, das so viele erbauen soll, auf das Scharfgefühl einiger weniger Auserwählter?

Ich stelle mir vor, Herr Friedrich hat diese Naturszene selbst gesehen: Er hat die Empfindungen ausgedrückt, die sie in ihm erweckte. Ich lasse ihn sein Gemälde kommentieren.

«Noch war es dunkel um mich her, als ich in die Gegend kam, die mir den Stoff zu dem Bilde gegeben hat, das hier aufgestellt steht. Aber hinter dem vor mir liegenden Berge erhellet sich bereits der Himmel. Rote Streifen, die ihn überzogen, verkündigten die nahe Ankunft des Tages, und der Abglanz einiger Strahlen auf dem Firmamente zeigte bereits den Aufgang der Sonne, den zu sehen der vorliegende Berg verhinderte. Tief hinter dem Berge war die Sonne verborgen, und die Erdmasse ließ ihre einzelnen Teile in einer zweifelhaften Helle eher ahnen als entdecken. Aber der Umriß des Berges zeichnete sich scharf auf dem Himmel ab. Ganz oben stand ein Kruzifix, den Blick gegen die Rückseite des Berges gekehrt, wie ich aus ein paar erleuchteten Stellen schloß, auf welche Strahlen der Sonne fielen. – Wie bedeutungsvoll dieser Anblick! Christus der Gekreuzigte in einer Einöde! Auf der Scheidewand zwischen Dunkel und Licht! Aber hoch thronend über dem Höchsten in der Natur, allen sichtbar, die ihn suchen! Aber Er, er schauet das Licht von Angesicht zu Angesicht, und uns – die Dämmerung umschwebt in diesem Jammertale uns, deren blödes Auge den vollen Glanz der Klarheit noch nicht vertragen mag, uns führt er nur einen Abglanz desselben zu! So, ein Verkündiger des Heils, das unserer wartet, wird er zugleich der Mittler zwischen Erde und Himmel. Und wir ertrösten, wir erfreuen uns seiner Botschaft, seines Verdienstes, wie wir uns des Hervortretens der Sonne erfreuen, wenn wir nach einer dunklen Nacht ihr Beleuchten, ihre Wirkungen früher als ihr Erscheinen wahrnehmen. – Hier fühlte ich das Bedürfnis, jene Gedächtnisfeier zu begehen, die selbst ein Geheimnis, das Symbol eines andern wird, der Menschwerdung und der Leiden des Sohnes Gottes.»

Dürfte ich mich mit der Hoffnung schmeicheln, Herrn Friedrich ganz erfaßt zu haben, ich würde ausrufen: Viel Gefühl, viel Phantasie! Aber wann und wo? Wenn ich die Beschreibung lesen würde in den Bekenntnissen einer frommen Seele, in einem Romane im Geschmack der Atala! Ja! wenn der Besitzer einer Kapelle in der Gegend jenes Berges mit dem Kruzifix in dem Altare eine Öffnung anbringen ließe und den Blick der Gläubigen, die sich demselben nähern, perspektivisch auf die Naturszene hinleitete – der Einfall wäre abenteuerlich genug –, aber ich könnte mir denken, daß aus gewissen Standpunkten und zu gewissen Tagesstunden betrachtet der Anblick manche fromme Seele zu einer gleich feierlichen Stimmung auffordern könnte, als Herr Friedrich davon einmal erfahren haben mag.

Aber hier haben wir ein gemaltes Bild, ein Kunstwerk vor uns, und hier kommen ganz andere Fragen in Betracht.

Läßt sich die angegebene Naturszene malen, ohne die wesentlichen Vorzüge der Malerei und besonders der Landschaftsmalerei aufzuopfern? Ist es ein glücklicher Gedanke, die Landschaft zur Allegorisierung einer bestimmten religiösen Idee oder auch nur zur Erweckung der Andacht zu gebrauchen? Endlich: Ist es der Würde der Kunst des wahrhaft frommen Menschen angemessen, durch solche Mittel, wie sie Herr Friedrich angewandt hat, zur Devotion einzuladen?

Diese Fragen will ich nacheinander untersuchen, [mit] der Beantwortung der ersten aber zugleich die Prüfung des Werts der Ausführung verbinden.

1. Es kann hier nicht die Absicht sein, eine Theorie der Landschaftsmalerei und am wenigsten die meinige, aufzustellen. Ich muß aber ein paar Grundsätze festsetzen, die jedem, auch dem Laien, einleuchten müssen und [die] in unmittelbarer Beziehung zum Gemälde des Herrn Friedrich stehen.

Der Figurenmaler, der einen einzelnen Körper oder einige zusammengruppierte Körper, besonders von Menschen, vor mir aufstellt, rechnet darauf, daß meine Aufmerksamkeit auf dasjenige geleitet werde, was ich an jedem Körper betrachte, der senkrecht in geringer Entfernung in meine Augen fällt. Schon in der bloßen Absicht, ihn als ein für sich bestehendes Ganzes zu erkennen und ihn als Individuum von anderen Körpern zu unterscheiden, werde ich ihn beurteilen in Rücksicht auf die Zeichnung oder die eigentliche Form, nach der leicht aufzufassenden Einteilung der Plane und Massen *innerhalb des Körpers*, nach dem bequemen Übergang des Auges von einer Partie zur anderen, nach dem ununterbrochenen, fortgleitenden Zusammenhang des Umrisses, der den ganzen Körper umschreibt und ihn von andern Körpern absondert. In Rücksicht auf die Farbe werde ich besonders die Wahrheit der Lokalfarbe oder derjenigen Farbe, die dem dargestellten Körper eigentümlich ist, und ihre Abwechslungen und ihre Übereinstimmungen prüfen. In Ansehung des Helldunkels werde ich auf die Rundung und auf diejenige wohlverstandene Leitung des Lichtes sehen, wodurch die Hauptpartien an Form und Farbe vorzüglich hervorgehoben werden. Dies alles gehört zu der *Ansicht* und zu dem Scheine der *Umsicht*, die mir die Figurenmalerei liefert: auffallendes Wohlverhältnis in der Absonderung der Teile voneinander, ebenso auffallende Vereinigung dieser Teile zu einem abgesonderten Ganzen durch den Fluß und, wenn ich so sagen darf, Guß der Umrisse; Wahrheit, Mannigfaltigkeit und Harmonie der Lokaltöne; Rundung sowohl der Wohlgestalt als der Farbe, vorteilhafte Leitung und Wirkung des Lichts sind die eigentümlichen Vorzüge der Figurenmalerei. Alles, was überliefert ist, ist schätzbare Zugabe, aber nicht wesentlich zu meinem Vergnügen.

Die Landschaftsmalerei legt dagegen eine Fläche vor mir nieder, auf der sie mir eine Menge von Gegenständen, die man, wenigstens in der Malersprache, nicht einmal alle Körper nennen kann, schichtenweise, szenenartig hintereinander herreiht, die sie mir stets in einiger Entfernung zeigt. Sie rechnet folglich darauf, daß meine Aufmerksamkeit sich auf dasjenige beschränken werde, was ich bei einer *Aussicht in die fremde Natur* erkennen und prüfen will. Mannigfaltigkeit ist hier das erste, was ich suche, und wenn ich gleich zu meiner Befriedigung Abteilung und Zusammenhang verlange, so will ich doch, daß diese eher versteckt als auffallend sei, daß sich die Massen ungefähr gegeneinander balancieren, daß sich die Umrisse der einzelnen Erdplane kadenzieren, daß heißt gegeneinanderbeugen, sanft nebeneinander herlaufen, nicht aber in einen Guß zusammenfließen sollen. Harmonie muß hier vorhanden sein, wenn ich mich so ausdrücken darf, nicht aber Melodie wie in der Figurenmalerei. Die bestimmten abgestuften Abteilungen, der ungetrennte Zusammenfluß der Umrisse, würde den Charakter der leblosen freien Natur zerstören. Die Landschaftsmalerei muß daher auf die Wohlgestalt der organischen Natur Verzicht leisten. Aber die leblose freie Natur hat dagegen eine andere Art von Wohlgestalt, welche fließt aus der schichtenweisen, szenenartigen Anordnung der in Distanzen hintereinander vorspringenden Gegenstände. Eine Wohlgestalt, welche die Grotte in der Natur, die Perspektive auf dem Theater und die treffliche Anordnung der Landschaften eines Nicolas Poussin begreiflich machen: Wie angenehm gleitet in diesen letzten das Auge von einem Plane zum anderen, wie wird es von dieser geraden Linie angestrengt, von jener sich schlängelnden gedehnt, von einer dritten, gemischten zum Hüpfen eingeladen! Und wie nehmen diese Plane, diese Linien einander auf? Nicht durch ununterbrochene Fortsetzung, nicht durch ungetrennten Zusammenhang! Nein! Sie bieten sich dem Auge nur zum leichten Übersprunge von dem ganz verschieden geformten Nachbar entgegen! Dies ist die Wohlgestalt der Tiefen, der Aushöhlungen der Flächen, oder, wenn man lieber will, die Wohlgestalt der Plan- und Linienperspektive!

In Rücksicht auf die Farbe kann die Landschaftsmalerei die Lokaltöne nicht so wahr liefern, das heißt der Prüfung in der Nähe aussetzen, als die Figurenmalerei. Zwischen mein Auge und die Gegenstände, welche der Landschaftsmaler mir gefärbt in der Ferne darstellt, drängt sich allemal so viel Luft, daß durchaus eine Art von Nebel oder von Duft gebildet wird, der die Lokalfarbe nicht bloß modifiziert, sondern umwandelt. Je entfernter die Gegenstände von mir sind, desto auffallender werden diese Veränderungen. Die braune oder grüne Farbe des Berges wird violett, blau usw. Aber schon zwischen mir und den ersten Gegenständen auf dem Vordergrunde herrscht ein Nebel, der seine Farbe allein demjenigen mitteilt, was ich weiter hinten erblicke. Demungeachtet hat die Landschaftsmalerei ihre Wahrheit der Farbe für sich, und sie zieht eben aus den Wirkungen der Luftperspektive und aus der gänzlichen Umwandlung der Lokaltöne in der Ferne sowie aus dem Nebel oder Duft, der alle ihre Gegenstände umschwimmt, einige ihr ganz eigentümliche Vorzüge. Denn ihr gehört im eigentlichen Sinne jener allgemeine Ton des Bildes an, der zwar der Figurenmalerei nicht fremd, nicht ungünstig, aber nicht so wesentlich ist und bei dieser nicht so auffallend ausgedrückt werden kann. Die Landschaftsmalerei reproduziert völlig den harmonischen Effekt, den der schwarze Spiegel oder der Abglanz der Natur im Wasser hervorbringt und der in jede Lokalfarbe etwas von der Hauptfarbe der Fläche bringt, auf der sich die Menge der vielfarbigen Gegenstände darstellt. Auf welche anziehende Art haben nicht die Niederländer diesen Vorzug benutzt, wenn sie gleich zuweilen Mißbrauch davon gemacht haben! Welchen unermeßlichen Vorteil hat nicht Claude Lorrain aus den Umwandlungen der Farben durch die Luftperspektive gezogen! Bezeichnen wir nach dieser Luftperspektive die Eigentümlichkeit des Kolorits in der Landschaftsmalerei!

Endlich sieht die Landschaftsmalerei das Licht nicht bloß als Mittel zur Rundung der Körper, zur Hervorhebung der Wohlgestalt und des Reizes der Farbe an. Nein! sie malt das Licht selbst; sie knüpft an diese Darstellung die pikantesten Wirkungen. Man betrachte einen Sonnenaufgang von Claude Lorrain, einen Wald mit durchstreifenden Lichtern von Ruisdael und so manche Werke von Knip und anderen Niederländern, in denen die Strahlen der Sonne die Gegenstände, auf die sie fallen, zu vergolden scheinen! Kein Figurenmaler, selbst Correggio nicht, hat dies je erreicht oder soll und kann es erreichen, weil ihm andere Zwecke vorliegen, und weil ihm die Menge von Oppositionen und Quellen des Lichts, sowie die Luftperspektive, die hier gleichfalls ihre Rechte äußert, größtenteils abgehen. Ich fasse meine Betrachtungen kurz zusammen und verbinde sie mit einigen Resultaten.

Die Wohlgestalt der Linienperspektive ist der Landschaft vorzüglich eigen; vorzüglich eigen ist ihr der Reiz des allgemeinen Tons des Bildes und der Luftperspektive in Farbe und Licht, und nur ihr stehen die pikantesten Wirkungen des Lichts in freier Luft vollständig zu Gebote.

Ist nun der Grundsatz wahr, daß jede Kunst sich an dasjenige vorzüglich halten soll, was ihre eigentümlichsten Vorzüge ausmacht, so folgt daraus, daß die schöne Landschaft durchaus mehrere Plane darstellen muß, an der sich die Wohlgestalt der Linienperspektive zeigen kann, und daß die Darstellung eines einzelnen Körpers aus einer Landschaft, wie etwa eines Baumes, einer Felsenspitze, eines Hauses, einer stillstehenden Wasserfläche, gar nicht vor sie gehören. Es folgt daraus, daß sie kein Detail so ausdrücken darf, als ob es von dem Dufte der Luft entblößt in der Nähe gesehen würde; und daß sie vorzüglich keine Dämmerung oder Finsternis darstellen darf, wobei die Luftperspektive und der Ausdruck des Lichts völlig wegfallen. Das Gegenteil mag sich allenfalls in einer Zeichnung in Sepia recht artig ausnehmen, für Liebhaber des Neuen und fein fleißig Ausgeführten. Aber es widerspricht dem Ernst des vollendeten Kunstwerks.

Herr Friedrich hat nun allen jenen Grundsätzen in seinem Altarblatt geradezu und recht absichtlich entgegengehandelt. Er hat den ganzen Grund seines Bildes mit einer einzigen Felsenspitze, ohne merkliche Andeutung von verschiedenen Flächen, wie mit einem Kegel ausgefüllt. Er hat alle Luftperspektive verbannt, ja, was das Schlimmste ist, er hat sogar eine Finsternis auf der Erde verbreitet und sich dadurch alle die günstigen Wirkungen entzogen, welche der Zufluß des Lichtes darbieten kann.

Zu Anfang des 18. Jahrhunderts und in der [zweiten] Hälfte des 17. verfielen mehrere neapolitanische und venezianische Meister auf den Einfall, der Geschichtsmalerei die Vorzüge der Landschaftsmalerei beizulegen. Sie ordneten ihre Figuren ganz schichtenweise oder szenenartig an, versteckten soviel [wie] möglich das Balancement der Massen und hoben dagegen den allgemeinen Ton und das Sfumato der Farbe sowie den Effekt des Lichtglanzes möglichst hervor. Dieser falsche Geschmack ist jetzt proskribiert. Aber fällt Herr Friedrich nicht in einen umgekehrten Fehler? Will er nicht die Landschaft als einen senkrecht in der Nähe vor mir aufgestellten Körper behandeln, den ich einzeln und in den Halbschatten hinstellen kann, weil das umströmende Licht mir doch immer seine Wohlgestalt, seine Lokalfarbe und seine Rundung zeigen wird?

Abgesehen von der allegorischen Bedeutung, kann Herr Friedrich auch durch das Bestreben nach einer edlen Simplizität zu der fehlerhaften Wahl seines Sujets verführt sein. Aber im Moralischen sowohl als in der Kunst gibt es eine Anmaßung auf Einfachheit, die zur Armseligkeit wird. Einfach und edel ist derjenige, der in seiner Aufführung wie in seinen Werken nicht mehr Aufwand macht, als das Wesen beider erfordert. Wer aber etwas davon fehlen läßt, wird grob, unbehülflich, dürftig. Herr Friedrich verzeihe mir diese Bemerkung, die nicht gegen sein Talent, sondern gegen sein System geht. Bei ihm ist es nicht Dürftigkeit, sondern übelverstandene Sparsamkeit.

Die Ausführung des Bildes zeigt alle Folgen, die von der Vernachlässigung der von mir aufgestellten Grundsätze unzertrennlich sind. Der Maler hat gar keinen Standpunkt angenommen oder auch annehmen können, um dasjenige auszudrücken, was er ausdrücken wollte. Um den Berg zugleich mit dem Himmel in dieser Ausdehnung zu sehen, hätte Herr Friedrich um mehrere tausend Schritte in gleicher Höhe mit dem Berge und so stehen müssen, daß die Horizontallinie mit dem Berge gleichlief. Aus dieser Distanz konnte er gerade gar kein Detail innerhalb der

Umrisse des Berges sehen. Keine Felsblöcke, kein Moos, keine Bäume, welche die vordere Seite des Berges umschlossen. Das alles mußte verschwinden, die ganze Masse mußte sich wie eine schwarze Silhouette scharf von dem Himmel abscheiden. Nicht das allein! Angenommen, welches nicht geleugnet werden kann, die Horizontallinie läuft mit der Spitze des Berges parallel, so ist die Beleuchtung des Kruzifixes völlig gegen die ersten Regeln der Optik. Denn zieht man das Prisma der Sonnenstrahlen, welche den Himmel durchschneiden, bis zu dem Punkt zusammen, von dem sie ausgehen, nämlich bis zur Sonne, so kommt ihr Stand so niedrig zu stehen, daß es unmöglich wird, daß Herr Friedrich, der hinter dem Berge stand, auch nur den geringsten Abglanz des Gestirns an der Christusfigur, am wenigsten von unten auf, habe bemerken können. Ich könnte mich zum Beweise dieser Behauptung auf das beste der perspektivischen Lehrbücher, auf Valenciennes «Traité de perspective», Kap. 7 § 4, berufen. Ich will aber lieber den Lairesse reden lassen, der in aller Künstler Händen ist.

«Es ist zu beklagen», sagt der ehrliche Mann in seinem großen Malerbuche T. 1, Kap. 15, «es ist zu beklagen und recht unverantwortlich, daß viele Künstler, welche eine solche Kunst treiben, die nur auf Mathematik ihre Gründe, auf der Erfahrung ihre Ausbildung und auf der einfältigen Natur, deren Nachahmerin sie ist, ihre Ausführung gebauet hat, auf solche wichtige drei Punkte, worinnen ihr Ruhm bestehet, gleichwohl so schlecht achtgeben, und vornehmlich in der Belichtung der Objekte, wenn die Sonne in einem niedern Stand ist. Denn die Sonne, so niedrig sie auch ist, kann keine Objekte unter den Parallelen, das ist sozusagen von unten, im geringsten nicht bescheinen, wäre gleich, so zu reden, das Objekt so hoch, daß solches schiene bis an die Wolken zu reichen. – Es ist solches aus der Perspektive wohl zu fassen und leichtlich zu beweisen, daß nämlich, weil der Horizont die Endigung unserer Aussicht ist, und die Sonne in Ansehung unseres Auges nicht *mehr* untergehen kann, dieselbige folglich ihre Strahlen nicht nach hoch hin, sondern längs der Erde, das ist parallel oder wassergleich schießen muß. – Ich will auch dieses noch hinzutun, daß, wenn man einen Hut hätte, dessen Rand so breit als zehn Morgen Landes, und wäre dem Horizont parallel oder wassergleich, derselbe doch nicht die Dicke einer Stecknadel breit über die Augen schießen, noch so viel Schein von unten gegen den Rand anschlagen sollte, wenn man gleich auf einen höheren Ort stiege» usw.

Was Herrn Friedrich zu jenem alle Regeln der Optik beleidigenden Fehler verführt hat, ist, daß er entweder ein künstliches Licht gegen ein Modell des Berges von Ton und Wachs gesetzt oder sich gedacht hat, als stände er zur Seite des Berges und nicht hinter demselben. In dem letzten Falle würde freilich das Sonnenlicht auf den viel niedriger als diese Sonne liegenden Berg zugeströmt sein; aber dann wäre auch nicht bloß das Kruzifix, am wenigsten von unten herauf, sondern alles parallel beleuchtet worden, was auf dem Berge befindlich ist. Hinter dem Berge stehend, konnte Herr Friedrich gar nichts von den Sonnenstrahlen sehen, sowenig als wenn er die Hand in horizontaler Richtung vor die Augen gehalten hätte.

Ein anderer Fehler des Bildes ist der, daß die Tageszeit zweifelhaft bleibt, vermöge des Abgangs aller Flächen. Für den Morgen spricht die Kälte der Luft, gegen ihn der Mangel an Nebel. Diesen Abgang soll wahrscheinlich der silberne Stern auf dem obersten Engelskopf im Rahmen ersetzen. Aber ebensogut hätte Herr Friedrich darüber schreiben können: Hier ist Morgen!

Die Erdmasse hat einen blaubraunen, höchst einförmigen Ton. Ganz des Lichtes beraubt, ist sie platt und ohne alle Rundung. Sie steht im schreiendsten Kontrast zu dem lichten Himmel, ohne Übergang und Harmonie; bloß für denjenigen von Effekt, der die Abteilung in eine große lichte und eine große dunkle Masse für Helldunkel annehmen will.

Alle diese Fehler fallen größtenteils der unglücklichen Wahl des Sujets und des Standpunkts zur Last. Andere aber kommen auf Rechnung der Ausführung.

Zuerst ist der Himmel ohne Harmonie und Wahrheit. Ich will mit Herrn Friedrich nicht darüber streiten, ob nicht die zinnoberroten Streifen am Himmel in eine Gegend seiner Wölbung gehören, die im Zenit des Beschauers steht. Aber gewiß ist es, daß sie nicht ihre wahre Form und Farbe haben, daß sie auf eine unangenehme Art die Harmonie der Farben stören, daß überhaupt der obere Äther mehr perlenfarbig als schmutzigviolett sein müßte und daß die Progression dieses Violetts in das Rote und Gelbe viel zu schroff ist. Alles dies kann jedoch dem Mangel an praktischer Beobachtung und Übung zugeschrieben werden. Aber die Behandlung des Berges führt auf ein fehlerhaftes System hin, daß jetzt leider! viel zu viel Anhänger findet, als daß ich nicht diese Gelegenheit nutzen sollte, mich dagegen zu erklären.

Einige Maler, die sich erst in späteren Jahren der Kunst ausschließlich gewidmet haben und den Mangel einer früheren technischen Bildung fühlen, glauben sich dadurch zu helfen, daß sie ihre Aufmerksamkeit verdoppeln, die Natur so ängstlich als möglich kopieren. Das Beispiel Albrecht Dürers und einiger anderer älterer Meister kömmt hinzu. Diese haben jedes Haar im Barte, jede Faser in der Pflanze mit sorgsamer Pflege des Modells und ihrer Werke ausgedrückt. Endlich werden auch einige verführt durch die an sich schöne Idee, der deutschen Schule einen eigentümlichen Nationalcharakter der biedern Treue und der anspruchslosen Wahrheit aufzudrücken.

Allein diese Männer vergessen, daß die ängstliche Nachahmung des Details der Formen noch keinem Gegenstande in der Natur seinen wahren Charakter gibt, daß Albrecht Dürer und seine ganze Meisterschaft elenden Nürnberger Tand geliefert haben würden, wenn sie nicht von früher Jugend an ihr Gefühl für das Wesentliche in jeder Form geschärft und ihre Hand zu derjenigen Freiheit gefertigt hätte, welche so viel zu dem Eindruck des Natürlichen beiträgt. Sie vergessen, daß die Werke jener Männer dadurch einen ganz besonderen Reiz erhalten, daß sie neben der bestimmten Charakterisierung der Gegenstände ihren eigenen originellen Charakter ihres Zeitalters ausgedrückt haben. Sie vergessen vorzüglich, jene Herren, daß unser Zeitalter, an den großen Stil der Michelangelo, Raffael in seinen spätern Zeiten, der Carracci gewöhnt, ein Bedürfnis dieses – wenn die Herren so wollen – fehlerhaften Luxus eingeimpft erhalten hat, von dem es schwer sein wird, das verzärtelte Alter zurückzubringen. Sie vergessen endlich, daß für dies, nun freilich einmal durch die Raffaels, Michelangelo und die Carracci höchst verdorbene und verwöhnte Zeitalter, so sehr es übrigens den Werken Albrecht Dürers in ihrer Art alle Gerechtigkeit widerfahren läßt, dennoch schwerlich neue Kompositionen in dem Geschmack dieses zuletzt genannten Künstlers ausgeführt werden dürften, von denen es Nebenidee der harten, ängstlichen, steifen und geschmacklosen Nachäffung trennen könnte.

Bis dahin, daß jene Herren dies Wunder verrichten, will ich, der ich das Unglück habe, um fünfzig Jahre zu spät geboren zu sein, um anstatt der Bildung, die ich durch die klassischen Werke der Alten und Neuen erhalten habe, durch die Werke aus der ersten Kindheit der Kunst zum Gefühl des Schönen angezogen zu sein, ich, sage ich, will wenigstens unterdessen vor den Abwegen warnen, welche das ängstliche Bestreben, die Natur fein fleißig zu kopieren, so leicht herbeiführen kann. Ich weiß nicht, wo der Geschichtsmaler lebende Modelle hernehmen will, die jahrelang vor ihm in den Attitüden sitzen wollen, die er zu seinem Gemälde porträtiert. Aber das weiß ich wohl, daß, wenn er nun statt dieser Modelle Befehle sucht, sich bald von dieser Person eine Hand, bald von jener das Haar zusammenbettelt oder gar zum Gliedermann oder zu seinem Modelle von Ton und Wachs seine Zuflucht nimmt, aus jener Natur, die er zu kopieren glaubt, die abenteuerlichste Alfanzerei von der Welt werden wird. Wehe dem Künstler, der nicht von erster Kindheit an das ihm angeborene Gefühl für das Charakteristische der Formen durch langjährige Übung geschärft hat und durch tägliche erneute Beobachtung und Studium zu erweitern und zu erhalten sucht. Aber wehe auch demjenigen, der, ohne Formengedächtnis, ohne Formenimagination geboren, während der Ausführung seines Gemäldes erst allemal auf das individuelle Modell gucken soll, um zu sehen, wie sich die Natur in den einzelnen Exemplaren darstellt. Nicht einmal ein gutes Porträt läßt sich machen, wenn nicht der Künstler sein Original so gut im Kopfe als vor den Augen hat.

Bei der Landschaftsmalerei ist das ängstliche Kopieren des Details der Formen nun vollends ganz zweckwidrig. Alles in der Landschaft bietet sich dem Auge als Masse dar und leidet durchaus kein weiteres Detail als gerade dazu nötig ist, die Masse zu charakterisieren; der Unmöglichkeit, größere Gegenstände in der Natur an Ort und Stelle so ängstlich nachzuahmen, nicht einmal zu gedenken. Herr Friedrich hat sich aber dadurch nicht abhalten lassen, jenes gerügte System dennoch auf die Landschaft anzuwenden. Und wie hat er das gemacht? Da er des Berges nicht hat habhaft werden können, so hat er sich mit einem Modelle von Ton oder Wachs beholfen; er hat, statt der Bäume, die gleichfalls nicht gut zu transportieren waren, Tannen- und Föhrenspitzen und statt der Felsen von Granit einzelne Granitkiesel und Moos eingedrückt. Hinter diese Masse hat er ein künstliches Licht gestellt und nun sich davor und – fleißig porträtiert. Dies ist die einzige Ansicht, aus der man die Behandlung des Bildes nur einigermaßen erklären kann. Jedes Reischen, jede Nadel an den Tannen, jeder Fleck auf den Felsblöcken ist ausgedrückt; der äußere Umriß ist vollkommen genau. Aber Tannen und Felsen sind nicht daraus geworden. Silhouetten ohne Rundung und höchstens Exemplare zu einem Herbario oder zu einem mineralogischen Kabinette. Man kann hier Wielands bekannten Vers parodieren: «Man sieht den Wald vor lauter Reisern nicht.» – Was würden Ruisdael und Everdingen zu solchen Tannen und Felsen sagen!

Ich glaube nun bewiesen zu haben, daß Herr Friedrich kein gutes Landschaftsbild geliefert habe. Und damit könnte ich billig der Beantwortung der übrigen, [von] mir vorhin aufgestellten Fragen, enthoben sein. Denn ein Sujet mag noch so erhebend für die Seele, noch so dichterisch sein; sobald die Ausführung auf Kosten der Wahrheit oder der eigentümlichsten Vorzüge der Kunst erkauft werden muß oder wenn die Ausführung an sich selbst fehlerhaft ist, so ist das Werk der Billigung des Kenners durchaus unwert. Als der – übrigens fromme – Bouchardon auf seinem Sterbebette in den letzten Zügen lag, hielt man ihm ein Kruzifix vor, dessen Verhältnisse unrichtig waren. «Ôtez-moi ce bon Dieu», rief der Sterbende, «il est hors d'ensemble!»

Aber ich habe gegen die ganze Gattung zu viel auf dem Herzen, als daß ich hier schon schweigen könnte.

2. Also weiter: Ist es ein glücklicher Gedanke, die Landschaft zur Allegorisierung einer bestimmten religiösen Idee oder auch nur zur Erweckung der Andacht anzuwenden?

Man hat seit einiger Zeit sehr viel davon gesprochen, «die Landschaftsmalerei könne noch idealisiert werden; hier sei noch viel zu tun für den modernen Künstler, hingegen sei der Kreis der Geschichtsmalerei ziemlich geschlossen». Recht gut! Nur müßte ich, wenn ich mir eine Stimme dabei anmaßen dürfte, drei kleine Bedingungen bei dem Versuche machen. Die erste, daß er nur solchen Künstlern erlaubt würde, welche den technischen Teil der Kunst völlig innehaben. Denn sonst würde mich selbst das Gemälde zu dem nämlichen Ausrufe bringen wie die Beschreibung desselben durch den Kapuziner den sterbenden Malherbe: «Votre mauvais style m'en dégoûte!» Zweitens müßten wir über den Begriff des Idealisierens miteinander eins werden, und dann drittens müßte ich mir ganz gehorsamst verbitten, daß es auf dem Wege geschehe, den Herr Friedrich eingeschlagen hat: nämlich durchs Allegorisieren.

Es kann zweifelhaft sein, ob der nachbildende Künstler losarbeiten solle auf pathologische Rührung, das heißt, auf die Erregung eines affektvollen Zustandes in dem Beschauer, wie er ihn etwa von den dargestellten Sujets in der Natur selbst erhalten würde. Ich habe in meinen früheren Schriften die Gefahren gezeigt, die einer solchen absichtlichen Tendenz drohen. Ästhetische Rührung ist von der pathologischen ganz verschieden, gehört zum Charakter und zum Ausdruck eines jeden Kunstwerks und steht den nachbildenden Künsten sowie allen übrigen zu Gebote. Inzwischen muß ich noch bemerken, daß in Rücksicht der Stärke, selbst der ästhetischen Rührung, die nachbildenden Künste sich mit Musik, Tanz und Poesie gar nicht messen können. In diesen letzten Künsten reißt die fortschreitende Bewegung der Töne, Gebärden und Bilder und das Maß dieser Bewegung, der Rhythmus, das Tempo, unsere Nerven zu einer ähnlichen Bewegung unwiderstehlich mit sich fort. Künste, die durch stillstehende Formen rühren, sind dieser Wirkung völlig unfähig. Inzwischen ist es doch ein sehr allgemeiner Irrtum, den nachbildenden Künsten alles Tempo, allen Rhythmus abzusprechen und die verschiedenen Stimmungen unserer Seele durch den Anblick eines Gemäldes bloß der Assoziation der Ideen zuzuschreiben. Es leidet nämlich keinen Zweifel, daß unser Sehorgan an gewissen Linien schneller, an andern langsamer hinläuft, daß es gewisse Planen und Massen leichter, andere schwieriger umschreibt, ordnet und von andern nach Lage und Verhältnis absondert; daß gewisse Farben und Lichter die Sehnerven geschwinder oder allmählicher anstrengen und aus ihrer angewöhnten Lage bringen. Aus dieser Bewegung des Auges entsteht ein Tempo, ein Rhythmus, den alle großen Maler, besonders auch die Landschaftsmaler, zur Charakterisierung ihrer Gemälde genutzt haben.

Allein die nachbildenden Künste rechnen freilich bei

der ästhetischen Rührung, die sie hervorbringen wollen, *hauptsächlich* auf die Assoziation der Ideen, welche die dargestellten Gegenstände erwecken; und mittels dieser vermögen sie nicht bloß wie die Musik eine unbestimmte dunkle Rührung, sondern eine bestimmte, von besondern Situationen und Verhältnissen abhängige, ästhetische Rührung zu erwecken. Nur glaube man nicht, daß der Rhythmus der Zeichnung, Farbe und Licht dabei gleichgültig sei. Dieser kann jene Assoziation der Ideen immer sehr unterstützen und darf ihr wenigstens nie widersprechen. Die ästhetische Rührung, dem Werke als wirkende Kraft beigelegt, heißt in dem Landschaftsgemälde bald Charakter, bald Ausdruck. Den Unterschied zwischen beiden will ich weiterhin entwickeln.

Wir kennen drei Arten des *Charakters:* den schnell anstrengenden, feierlichen; den allmählich dehnenden, zärtlichen, sanften und den zum Hüpfen einladenden, muntern. Die verschiedenen Arten der Stimmungen unserer Sensationen und unserer Emotionen begründen diese Einteilung, und die sind der gewöhnlichen Theorie der Landschaftsmalerei keineswegs fremd. Diejenige Landschaft, in der, wenn sie auch nicht mit Figuren und Fabriken staffiert ist, große gerade Linien, mit abscheinender Regularität abgestufte Plane und überhaupt die Ahnung des Wohlgeordneten in der Zeichnung prädominieren, in der der Hauptton der Farbe und des Lichts anstrengender gestimmt ist, wird, wenn zugleich die dargestellten Gegenstände auf Ideen von Höhe, Ausdehnung, Naturkraft überhaupt zurückführen, den Charakter des Feierlichen haben. Landschaften, auch solche die nicht staffiert sind, in denen schlängelnde, sich allmählich kadenzierende Linien, ein ebenso allmählich sich entwickelndes Balancement der Massen und Plane, ein sanftes Farben- und Lichterspiel prädominieren und welche dabei Gegenden darstellen, die zum traulichen Beieinandersein und Ansiedeln einladen, sind von zärtlichem Charakter. Endlich werden Landschaften, in denen vermischte Linien

140

und eine sehr versteckte Ordnung der Plane und Massen, eine Art von Gewirr, prädominieren, die aber zugleich eine heitere, fruchtbare Gegend darstellen, einen munteren Charakter an sich tragen. Bis hierher treffen Charakter und Ausdruck völlig zusammen und sind gleichbedeutend wie bei der Instrumentalmusik. Sie zeigen an, daß etwas in dem Werk liegt, das eine Rührung bei vagen Ideen, aber von einer bestimmten Art und Gattung erwecken kann.

Erst wenn die Landschaft etwas darstellt, was Beziehung hat auf die Lokalverhältnisse der Menschen, auf seine Sitten, Gebräuche, auf sein Leben überhaupt, kann man sagen, sie hat Ausdruck. Inzwischen fühlt man leicht, daß sie darin der Geschichtsmalerei weit nachsteht. Das Höchste, was sie ausdrücken kann, ist die Beziehung der Gegend als Szene zu einer sehr allgemeinen Situation des Menschen überhaupt oder zu einer sehr bekannten Begebenheit aus der Geschichte.

Nun laßt uns sehen, inwiefern es möglich sei, mit der Landschaft zu allegorisieren? Allegorische Gemälde sind solche, welche sichtbare Gegenstände unter solchen Verhältnissen in dem Bilde darstellen, worunter wir das Sichtbare im gemeinen Leben und in der dazu gehörenden Geschichte und Fabel zu sehen nicht gewöhnt sind. Dies ungewöhnliche Verhältnis des Sichtbaren zueinander *im Bilde* ist es, was uns auf die geheime Bedeutung aufmerksam macht und die Allegorie begründet und enträtseln hilft.

Wie ist es nun möglich, in der Landschaft das sichtbare, angewohnte Verhältnis der Gegenstände in ein so ungewöhnliches zu verändern, daß wir uns sagen können, hier ist Allegorie? Freilich, man kann die Erde oben, den Himmel unten sehen, die Bäume mit Backwerk belauben usw. Aber damit ist die Natur selbst zerstört. Die Figurenmalerei kann ihre Natur beibehalten, indem sie allegorisiert. Sie hat diese Natur durch die Fabel erweitert; sie weicht hauptsächlich nur in der Darstellung der Sitten, der Attribute von der gewohnten Ansicht der Dinge ab. Und

wo sie dennoch nicht der Allegorie wenigstens eine moralische Wahrscheinlichkeit geben und neben der allegorischen Deutung eine rein menschliche oder historische liefern kann, da darf sie sich gar nicht an die Allegorie
wagen.

Man verwechsle doch nicht den Ausdruck der Landschaft mit Allegorie! Auf der Galerie zu Dresden befindet
sich eine Landschaft von Ruisdael mit einem Kirchhofe.
Eine Repetition davon, in größerer Proportion, die für original gehalten wird, ist im Besitz des Herrn Tourton zu
Paris. Es ist ein Meisterstück von Ausdruck. Es schildert
eine Szene zu einer allgemeinen Situation des menschlichen Lebens und erweckt nicht bloß eine feierliche Stimmung überhaupt, sondern die bestimmte, feierlich-religiöse
Rührung, die aus der Betrachtung der Nichtigkeit und Vergänglichkeit aller menschlichen Dinge entsteht. Aber wo
ist die Allegorie? Nirgends als in dem median prosaischen
Gehirne anmaßender Deklamatoren, die wähnen zu poeti-
sieren, wenn sie kalt symbolisch witzeln, und Rührung zu
erwecken, wenn sie über Rührung räsonieren.

Es ist unleugbar: Wer von der Natur, wie wir sie täglich
sehen, in der Landschaft abgehen will, erweckt entweder
die Idee einer fehlerhaften Nachahmung oder der Darstellung einer Gegend in fremden, fernen Teilen der Welt,
und diese gehört wieder zum Ausdruck. Nie wird man mit
einer gut zusammengesetzten Landschaft allegorisieren
können. Die Figuren darin können allerdings eine allegorische Begebenheit ausdrücken. Aber sind sie der Landschaft
untergeordnet, so sind sie Nebenwerk, Symbol, Attribut
der Landschaft. Sind sie Hauptsache, so liefert die Landschaft nur die Szene zu der Begebenheit und gehört zum
Ausdruck der Geschichtsmalerei. Die allegorische Deutung
der Landschaft muß demnach immer außer dem Gemälde
aufgesucht werden, in der Bestimmung des Orts, wo sie
aufgestellt werden soll, oder in ihrem Rahmen. So hat es
denn auch Herr Friedrich gemacht und machen müssen,
weil, ohne diesen Rahmen in einer öffentlichen Galerie

aufgehängt, seine Landschaft für die bloße Darstellung einer schlecht gewählten Naturszene und das Kruzifix für eine bloße Staffage oder Fabrik gelten würde. Aber er hat nicht bedacht, daß dadurch das selbständige Kunstwerk zu einem bloßen Symbole herabgewürdigt wird, das bloß, wie die Waage in der Hand der Gerechtigkeit, dadurch seine Erklärung erhält, daß man die Frage aufwirft: «Wie kommst du hierher in diesen Rahmen, in diese Kapelle, auf diesen Altar?»

«Aber», wird man mir einwenden, «da die Landschaft die ausdrucksvolle Szene zu einer sehr allgemeinen, aber bestimmten Situation des menschlichen Lebens hergeben kann, warum soll sie nicht die Gegend darstellen, wo jeder gebildete Mensch sich so willig der Andacht hingibt? Gottes heilige Natur ist sein schönster Tempel!»

Hier kommt der wichtige Umstand zwischen pathologischer und ästhetischer Rührung in Betracht.

Geht in die wirkliche Natur! Die frische Luft, die ihr einatmet, der wahre Glanz der Sonne, die Höhe der Berge, die Weite der Flächen usw. affizieren unmittelbar alle eure Organe, erwecken und verstärken durch Spannung und Auflösung und pikanten Reiz der Nerven diejenigen Ideen von Größe, Wohltätigkeit und Leben überhaupt, die jedes wohlgeartete Gemüt zur Liebe, Dankbarkeit und Bewunderung gegen den Schöpfer auffordern. Es ist lächerlich, dergleichen wahrhaft pathologische Rührungen von dem Gemälde zu erwarten, das der Hauptmittel dazu völlig entbehrt. Was es liefert, ist ästhetische Rührung, wobei wir, der Entfernung von dem wirklichen Leben uns immer bewußt, uns des Spiels freuen, das die Kunst mit unseren Rührungen treibt. Wäre es möglich, die Kunst könnte uns in eine wahre pathologische Rührung versetzen, so fiele die ästhetische weg: das Kunstwerk ginge in Natur, der Genuß am Schönen in den der Sympathie über. Wäre das ein Vorzug für das Werk? Keineswegs! Jede Reliquie eines allgemein verehrten Heiligen kann, auf dem Altare aufgestellt, die pathologische Rührung viel stärker erwecken als das schönste Kunstwerk, und die ärgsten Karikaturen haben einen viel unbestritteneren Anspruch auf diesen Vorzug als das schönste Gemälde.

Soll aber das Gemälde nicht der eigentliche Grund unserer pathologischen Rührung, unserer wahren Andacht sein, soll dieser in der frommen Handlung selbst liegen, die wir vor dem Altare begehen, soll das Kunstwerk jene Stimmung nur durch ästhetische Rührung *unterstützen* – in wieviel näherer Beziehung steht dann nicht die Geschichtsmalerei zu diesem Zwecke! Sie, die die Andacht selbst malt! Sie, die uns Begebenheiten darstellt, mit deren Kenntnis wir aufgewachsen sind, deren leiseste Andeutung eine Menge rührendster Tatsachen, Charakterzüge, Worte erregt! Sie endlich, die jenes Liebesmahl, das wir begehen wollen, selbst vergegenwärtigt und durch die Gestalten und den Ausdruck des Heilands und seiner treuen Gefährten ebensosehr zur würdigen Begehung dieser Feierlichkeit einladet, als durch die Gestalt und den Ausdruck des Verräters von dem unwürdigen Genusse dieses so rührenden Gedächtnismahles abschrecken kann!

O ihr Neuerer! Noch tausendfach könnt ihr an die rührenden Worte: *«Gedenkt meiner!»* wieder gedenken machen, ohne den Charakter, den Ausdruck zu erschöpfen, den derjenige an sich trug, der sie sprach, und diejenigen zeigen mußten, die sie hörten. In der Tat, es ist eine wahre Anmaßung, wenn die Landschaftsmalerei sich in die Kirchen schleichen und auf Altäre kriechen will. Doch lassen wir das alles beiseite und fragen nun zuletzt nach dem Wichtigsten.

3. Ist es der Würde der Kunst und des wahrhaft frommen Menschen angemessen, durch solche Mittel, wie sie Herr Friedrich angewandt hat, zur Devotion einzuladen?

Hier muß ich des Rahmens erwähnen, der das Bild umgibt. Er steht in unmittelbarem Zusammenhange mit dem Gemälde und macht um so mehr einen integrierenden Teil desselben aus, als ohne ihn die Allegorie gar nicht ver-

144

ständlich sein würde und dieser Rahmen selbst den Aufsatz auf den Altar ausmacht. Ohnehin ist der geschnitzte und versilberte Morgenstern in der Höhe über dem Bilde offenbar eine Beziehung der vorgestellten Tageszeit.

Als ich in das Zimmer trat, wo hier in Dresden das Gemälde ausgestellt war, fand ich es in seiner Einfassung auf einem Tische stehen, der, braun von Farbe, von einem schwarzen Tuche behangen war.

Der Rahmen ist ohne alles Verhältnis zu dem Bilde. Unten ein großer Sockel, an dem Stufen angebracht sind. In der Mitte desselben sieht man ein Auge in einem von Strahlen umgebenen Triangel und an jeder Seite eine sich schlängelnde Weinrebe und eine Kornähre. Auf diesem Sockel ruhen zwei gotische Säulen, aus mehreren Stäben zusammengesetzt. Aus den Kapitellen gehen Palmzweige heraus, die sich oben vereinigen und eine Art von Laube bilden. Aus den Zweigen gucken Kinderköpfe mit Flügeln (an den Köpfen) hervor. Über dem obersten Kinderkopf steht ein versilberter Stern, das übrige ist vergoldet.

Setzt man diese Emblematik mit der Allegorie des Gemäldes zusammen und erwägt die Tendenz des Ganzen, mit Aufopferung von Wahrheit und Geschmack eine zwar an sich verehrungswürdige, tröstende, aber gar nicht ästhetische Idee unserer Religion: Glauben an die geheimnisvollen Wirkungen des Abendmahls zu versinnlichen; wie ist es möglich, den Einfluß zu verkennen, den ein jetzt herrschendes System auf Herrn Friedrichs Komposition gehabt hat! Jener Mystizismus, der jetzt überall sich einschleicht und aus Kunst wie aus Wissenschaft, aus Philosophie wie aus Religion gleich einem narkotischen Dunste uns entgegenwittert! Jener Mystizismus, der Symbole, Phantasien für malerische und poetische Bilder ausgibt und das klassische Altertum mit gotischem Schnitzwerk, steifer Kleinmeisterei und mit Legenden vertauschen möchte! Jener Mystizismus, der statt Begriffe Wortspiele verkauft, auf entfernte Analogien Grundsätze baut und überall nur ahnen will, wo er entweder wissen oder erkennen könnte oder bescheiden schweigen müßte. Jener Mystizismus, dessen Anhängern Ignoranz in Tatsachen und Literatur zum Schibboleth dient! Jener Mystizismus, der die Zeiten des Mittelalters und seine Institute dem Zeitalter der Mediceer, Ludwigs und Friedrichs vorzieht! Jener Mystizismus, der den wacheren, rüstigen Enthusiasmus, der mit der wahren Christusreligion sehr wohl zusammengeht, mit schmachtender Kreuzandächtelei verwechseln möchte! Jener Mystizismus endlich, der mich für die Folgen der gegenwärtigen Zeiten zittern macht und mich an diejenigen erinnert, welche gegen das Ende der römischen Monarchie den Verfall der wahren Gelehrsamkeit und des Geschmacks herbeiführten! Denn damals wie jetzt traten neuplatonische Sophisten, gnostische und orphische Schamanen auf; damals wie jetzt spielte man mit Legenden, mit Deklamationen, mit Amuletten und Symbolen; damals wie jetzt verkrüppelte man die Kunst durch die Anmaßung, sie zu ihrer ersten Einfalt zurückzuführen.

Wackerer Friedrich und ihr Männer alle von Genie und Talent, die der Modeton eine Zeitlang von dem wahren Wege abführte, kehrt auf denjenigen zurück, den Euch die Erfahrung als erprobt gezeigt hat! Jener Modeton wird sich nicht leicht ausbreiten an Orten, wo die Geschichte gründlich gelehrt und das klassische Altertum mit Geschmack vorgetragen wird; überall wo Können und Wissen Hauptzweck der Künstler und des Gelehrten ist. Aber in Hauptstädten, in der Nähe der Höfe, überall wo Zerstreuung die Menschen verhindert, dasjenige, was außer dem Kreise des eigentlichen Geschäftslebens liegt, gründlich zu studieren, da wo Kunst und Wissenschaft hauptsächlich nur als Stoff zur leichten geselligen Unterhaltung genutzt wird, da wo die übersättigte Sinnlichkeit in der Phantasie einen erneuten Reiz und einen vermehrten Genuß aufsucht – da, sage ich, werden solche Lehren Eingang finden, welche Wortspiele, Bilder, einseitig aufgefaßte Tatsachen, in volltönende Phrasen gekleidet, für Kenntnisse und Weisheit verkaufen und besonders, was die Kunst betrifft, stets von Göttlichkeit und Gemütlichkeit schwatzen, ohne das erste Erfordernis zu beiden, Wahrheit und Handfertigkeit, zu heischen! Dresden am 7ten Jänner 1809

Über Kunstausstellungen und Kunstkritik

Bei Gelegenheit dessen, was Herr Kammerherr von Ramdohr über ein zum Altarblatte bestimmtes Landschaftsgemälde von Herrn Friedrich und über Landschaftsmalerei, Allegorie und Mystizismus in Nr. 12, 13, 14 und 15 der «Zeitung für die elegante Welt» hat einrücken lassen.

Derjenige Weg, auf dem sich der Mann von Geschmack, der Beschützer, der Führer des Talents um die Ausbildung des Künstlers am meisten verdient machen kann, ist, wie ich glaube, der, daß er den Geist der Originalität in ihm bewahre.

Basilius von Ramdohr. Über Malerei und Bildhauerei in Rom, 3. Teil, S. 149

Ferdinand Hartmann

… Herr von Ramdohr eröffnet seine Kritik damit, daß er sagt, wie ungern er mit der Beurteilung eines Werks von der Hand eines lebenden Künstlers öffentlich hervortrete. Ich glaube ihm dies sehr gern: so viel, als sich die verewigten Künstler von jeher von ihm haben gefallen lassen müssen, werden die lebenden wohl schwerlich so ruhig erdulden – und die Art der Antikritiken ist sehr mannigfaltig. Wenn dem Herrn von Ramdohr die schönen Künste (wie er Seite IX in der Einleitung zu seiner «Charis» sagt) «nach seiner Denkungsart, [ihrer] Lage und Bestimmung in der Welt immer nur als Nebensache und Mittel zur Belustigung bleiben», so erlaube er nun auch dem Künstler, daß er bei dem ernsten Worte, was er gelegentlich über Kunstkritiken im allgemeinen zu sprechen für nötig findet,

148

sich nebenher an seinen Ansichten und Urteilen über Kunst belustige.

Das Bild, das Herr Friedrich während der letztverflossenen Weihnachtsfeiertage für einige Freunde und Kunstliebhaber hier ausstellte, ist, wie Herr von Ramdohr in seiner Beurteilung davon selbst sagt, die einzige Arbeit, die er von Herrn Friedrich gesehen hat. Er erkennt in ihm ein ungewöhnliches Talent, einen phantasiereichen, gefühlvollen Künstler; er sieht, mit welcher zauberischen Macht das Werk auf das ganze gebildete Publikum wirkt, allein es ist, wie Herr von Ramdohr sagt, nicht nach den Grundsätzen verfertigt, die eine lange Erfahrung erprobt und das Beispiel großer Meister geheiligt hat. Es eröffnet eine neue, ihm wenigstens bisher unbekannt gebliebene Ansicht der Landschaftsmalerei. Dies schon allein wäre hinreichend, ihn zu veranlassen, sich mit seinem ganzen Gewichte auf das Talent zu werfen, um es zu ersticken. Außerdem überzeugte er sich aus diesem einzigen Bilde, daß die Tendenz, die hier das Talent nimmt, dem guten Geschmacke gefährlich wird, daß sie dem Wesen der Malerei ihre eigentümlichen Vorzüge raubt, daß sie mit dem Geiste in Verbindung stehet, der, eine unglückliche Brut der gegenwärtigen Zeit, in ihm das schauderhafte Vorgefühl der schnell heraneilenden Barbarei erweckt. Es wäre daher Kleinmütigkeit von ihm, dem Manne, welcher durch Darlegung seiner Grundsätze Kunst und Wissenschaft in ihrer fehlerhaften Richtung aufhalten zu können glaubt, Kleinmütigkeit von ihm, der mit Abwerfung der Bande, die ihn vorher an das Lokalnützliche hauptsächlich hefteten, der Ausbreitung des Guten und Schönen überall in ihrem grenzenlosen Gebiete den Rest seiner Tage gewidmet hat, wenn er nicht öffentlich gegen ein solches Werk auftreten wollte.

Inwiefern es möglich ist, aus einem einzigen Werke eines Künstlers die Tendenz, die sein Talent nimmt, zu erraten, inwiefern es möglich ist, daß diese dem guten Geschmack im allgemeinen gefährlich werden und gar noch allgemeine Nacht und Barbarei herbeiführen könne, das bedarf keiner

Untersuchung, da die Nichtigkeit dieser Behauptung am Tage liegt. Wohl werde ich aber im allgemeinen und im einzelnen den Einwürfen, die Herr von Ramdohr Herrn Friedrich macht, zu begegnen suchen und dann nicht nur aus diesem, sondern auch der Gesamtheit dessen, was Herr von Ramdohr über die Kunst zu schreiben für gut gefunden, die Frage beantworten: ob gerade er zum Kunstrichter, zum Verteidiger des guten Geschmacks und zum Leiter und Lenker des Zeitalters im Kunstfache berufen sein möchte?

Vorerst vergönne man mir aber mit ein paar Worten von Herrn Friedrich zu sagen, daß er weder ein Parteiführer, noch irgendeiner Partei zugetan ist, daß er in seiner Kunst ganz einzeln und isoliert dastehe, daß erst seit kurzer Zeit das Publikum auf sein schönes Streben, bei seiner Ausbildung bloß dem Wege zu folgen, den ihm sein Genius und die Natur zeigen, aufmerksam wurde, daß er seit noch kürzerer Zeit erst Versuche im Ölmalen gemacht hat und daß dieses Bild das erste war, das Herr Friedrich in dieser Art dem Publikum zeigte. Alles dies sollte bei den vielen Verdiensten, die Herrn Friedrichs Arbeiten nicht abgeleugnet werden können und die jedem unparteiischen Beschauer einleuchten müssen, Nachsicht gegen die Mängel, die aus der wenigen Übung im Ölmalen entstanden sind, einflößen. Besonders aber sollten wir diese Nachsicht von einem Manne fordern können, der drei dicke Bände zu dem Endzweck geschrieben hat, für die Vorzüge eines Künstlers Verehrung, gegen dessen Fehler Billigkeit einzuflößen. «Aber», wird mir Herr von Ramdohr einwenden, «ich greife ja mehr den Geist, der aus dem Bilde hervorleuchtet, als das Bild selbst an, ich lehne mich vorzüglich dagegen auf, daß Herr Friedrich einen neuen Weg in der Kunst einschlagen will, daß er nicht dem Beispiel bekannter Meister, der Claude Lorrain, Poussin und Ruisdael, und dem, was ich in meinen Werken, besonders in meiner ‹Charis› über Landschaftsmalerei gelehrt habe, gehörig gefolgt ist.» Allein wenn Claude [Lorrain], Poussin und Ruisdael sich

ebenso streng an ihre Vorgänger gehalten hätten, so könnten sie unmöglich das geworden sein, was sie sind; wenn
ihnen auch das erforderliche Zeitalter und die erforderliche Geduld vergönnt gewesen wäre, um ihr Bildungsge-
schäft von der etwas umständlichen «Charis» des Herrn
von Ramdohr zu lernen. Dieser geehrte Dilettant sagt
selbst einmal sehr wahr: «Ein sehr wichtiger Grund, warum
unsere gegenwärtigen Künstler ihren Vorgängern nicht
mehr gleichkommen, liegt darin, daß sie ihre Nachfolger
sind, und hätte dieses Prinzip der Nachahmung von jeher
in den Künsten geherrscht, so wäre es wie in China immer
beim alten, bei den ersten Versuchen geblieben und jedes
Talent, jede geistige Kraft hätte in dem unbeweglichen
Pfuhle der Observanz vermodern und zugrunde gehen
müssen und nur die mechanischen Fähigkeiten hätten mit
Not etwas mehr Raum gewonnen, sich auszubilden.» Das
ganze Streben des Herrn von Ramdohr als Kritiker scheint
aber auch vorzüglich dahin zu gehen, den Geist zum Vorteil der mechanischen Fähigkeiten einzuspannen, damit
nur diese, in die er das Künstlerische der Kunst zu setzen
scheint, bei ihrer Ausbildung kein Hindernis bilden.

Nachdem er unter eigner Signatur eine Beschreibung
des Friedrichschen Bildes gegeben, verläßt er, mit der Resi-
gnation, die man seiner kunstrichterlichen Selbstgefällig-
keit hoch anrechnen sollte, seine Persönlichkeit: Er läßt
den Autor des Bildes selbst sprechen, seine Absichten dar-
legen und die Arbeit kommentieren. Wie sehr diese Entäu-
ßerung mißlingt, wird niemanden befremden: höchst lie-
benswürdige, bewegliche und fromme Naturen gehören
dazu, um einen so reingesinnten Künstler sprechen, vornehmlich öffentlich sprechen zu lassen, während sie den
Geist seines Strebens zu tadeln unternehmen. Vor solchen
dialektischen Wendungen müssen wir im Namen des Geschmacks unseren Kunstrichter warnen; hier müssen wir
ihn zur Ordnung und in die Schranken *seiner* Natur zum
Vortrag der Grundsätze und zum Preisgeben der eignen
Persönlichkeit zurückführen. Vor allen Dingen muß man

151

sich in der Schreibart selbst mit Klarheit repräsentieren, bevor man sich zum Repräsentanten andrer aufwirft. Auch gehört nach unseren bürgerlichen Begriffen eine Art von Auftrag dazu, um nicht etwa in indirekter Rede, sondern völlig im Namen des andern zu reden und sein *Ich* direkt zu übernehmen. Hier finden wir verletzt, was *wir* Urbanität und guten Ton nennen möchten.

Das Material dieser Auslegung betreffend, denn das Formale verdient die weitere Kritik nicht, fehlt er darin, daß er den dargestellten Abend für einen Morgen ansah, was ihn natürlich zu einer ganz falschen Erklärung des Bildes verführen mußte. Der Kritiker rügt zwar als einen Fehler des Bildes, daß die Tageszeit zweifelhaft geblieben sei, er erkennt aber an einem silbernen Sterne, der oben in dem vergoldeten Rahmen angebracht ist, den Morgenstern, und macht daher das Bild bestimmt zu einem Morgen. Wenn die Voraussetzung wahr ist, so muß es auch der Schluß sein. Da aber Herr von Ramdohr das Unglück hat, öfters aus irrigen Voraussetzungen Schlüsse zu ziehen, so halte ich es für [meine] Schuldigkeit, ihm hier im Vorbeigehen zu sagen, daß der Stern, der zu manchen Zeiten als Morgenstern am östlichen Himmel glänzt, und der, der uns zu andern am westlichen als Abendstern leuchtet, ein und derselbe Stern ist und nur von der Zeit seiner Sichtbarkeit am Himmel Morgen- oder Abendstern genannt wird, daß dieser also auch um so weniger dazu beitragen kann, die Tageszeit zu bestimmen, da er sich, einzeln auf einem Bilde vorgestellt, durchaus von andern Sternen nicht unterscheiden läßt. Daß Herr von Ramdohr aus diesem Irrtum auf eine andere als die von dem Künstler damit verbunden gewesene Idee geleitet werden mußte, ist natürlich, inzwischen spricht es gerade für den Ausdruck des Bildes, daß Herr von Ramdohr keine andere als eine religiöse, die wenigstens in Verwandtschaft mit der des Künstlers steht, damit verbinden konnte. Da aber der Beurteiler seiner Erklärung hinzufügte: «Habe ich weniger gesehen, als ich sehen sollte, desto schlimmer für Herrn Friedrich, warum hat er sich nicht deutlicher ausgedrückt, warum rechnete er bei einem Gemälde, das so viele erbauen soll, auf das Scharfgefühl einiger weniger Auserwählter», so muß ich ihm auch hier im Vorbeigehen sagen, daß das Bild keineswegs für eine öffentliche Kirche, sondern für die Hauskapelle einer der ausgezeichnetsten, gebildetsten und feinfühlenden Frauen bestimmt ist, auf deren Zartgefühl Herr Friedrich in der Tat mit Zuversicht rechnen durfte.

Nachdem unser Kritiker eine Beschreibung von dem Altarblatte gegeben und den Gegenstand desselben nach seiner Weise gedeutet hat, stellt er folgende Fragen auf: Läßt sich die angegebene Naturszene malen, ohne die wesentlichen Vorzüge der Malerei, besonders der Landschaftsmalerei, aufzuopfern? Ist es ein glücklicher Gedanke, die Landschaftsmalerei zur Allegorisierung einer bestimmten religiösen Idee oder auch nur zu Erweckung der Andacht zu gebrauchen? Endlich, ist es der Würde der Kunst und des wahrhaft frommen Menschen angemessen, durch solche Mittel, wie sie Herr Friedrich angewandt hat, zur Devotion einzuladen? Die Fragen sind in der Tat an und für sich schon komisch genug, aber noch komischer ist es, daß die Antworten nur wenig oder gar nicht darauf passen wollen. Um die erste Frage zu beseitigen, stellt Herr von Ramdohr ein paar Grundsätze auf, von denen er glaubt, daß sie auch dem Laien einleuchten müssen. Es möchte wohl sehr schwer sein, aus der Weitschweifigkeit und Unbestimmtheit, womit dieselben dargelegt sind, den eigentlichen Grundsatz dieser sogenannten Grundsätze herauszuheben, und ich würde in denselben Fehler der unnötigen Weitläufigkeit verfallen, wenn ich Herrn von Ramdohrs Worte hier wiederholen und Untersuchungen darüber anstellen wollte; ich halte mich daher nur an die Folgerungen, auf die es bei ästhetischen Schriften, wie unseres Autors, viel mehr ankommt als auf die Grundsätze, die für den gelehrigen Laien zu verworren, für den Künstler und Philosophen zu breit und zu leer und für die leichteren Kinder der Welt zu langweilig vorgetragen sind, um auch das Unbedeutendste zu begründen oder festzusetzen. Wenn also Herr von Ramdohr aus seinen uns und aller Welt sehr gleichgültigen Grundsätzen die Folgerung zieht, daß nämlich eine Landschaft durchaus mehrere Pläne und Perspektiven zeigen müsse und daß einzelne Gegenstände, wie zum Beispiel eine Baumgruppe, ein Fels, ein Haus, eine Wasserfläche usw., durchaus nicht in sie gehören, so verdient er eine ihm angemessene Antwort. Da er namentlich ein entscheidender Freund von Autoritäten ist, so erlaube er mir, daß ich ihn bei dieser Gelegenheit an die schauerlichen Felsenklüfte des Salvator Rosa, die tiefen Gründe und Mühlen von Everdingen, die Seestücke von Backhuysen und an die vielen einzelnen Ruinen, Baumgruppen und Waldpartien, die Ruisdael und andere niederländische Maler so oft darstellten, erinnere und ihn frage, ob er diese für keine Kunstwerke halte. – Wäre aber auch sonst nie ein von Herrn von Ramdohr so genannter einzelner Teil einer Landschaft von einem Künstler zum Vorwurfe seiner Darstellung gebraucht worden, warum sollte es darum dem Talente, das demselbigen eine schöne, interessante Seite abzugewinnen, ihm Bedeutung zu geben und ihn als ein für sich bestehendes Ganzes darzustellen weiß, nicht erlaubt sein, ihn zum Gegenstand seiner Kunst zu erwählen. Wenn daher der Rezensent den Gegenstand dieses Friedrichschen Gemäldes darum verwirft, weil er nicht genug Mannigfaltigkeit und Aussicht gewährt, so ist dies eine Folge der Beschränktheit seiner Ansichten von der Landschaftsmalerei, wenn er behauptet, daß Herr Friedrich alle Luftperspektive geflissentlich verbannt und Finsternis auf der Erde verbreitet habe, so dürfen wir diesen Kritiker mit der Blödigkeit seiner Augen um so eher entschuldigen, da seine übrigen Schriften manche Belege von dieser Blödigkeit geben und er unter anderem auch von Raffael behauptet, daß er von Reflexen (ohne die doch keine Rundung möglich ist) gar nichts gewußt habe. Gern trete ich der Meinung des Rezensenten darin bei, daß Herr Friedrich die Einwirkung der Luft, besonders an den Umrissen des Berges, mehr hätte fühlen lassen können, aber, daß sie ganz fehlt, ist unwahr. Dem Vorwurfe der Finsternis widerspricht Herr von Ramdohr dadurch selbst, daß er weiter unten dem Künstler zum Fehler angerechnet, jedes Reischen, jede Nadel an den Tannen und jeden Fleck in den Felsblöcken ausgedrückt zu haben, was ja mit der Finsternis ganz unverträglich gewesen wäre. So widerspricht sich auch Herr von Ramdohr in der Behauptung, daß der Künstler keinen Standpunkt angenommen habe noch habe annehmen können, dadurch von selbst, daß er früher (wiewohl ohne Grund) voraussetzt, Herr Friedrich müsse die Szene so in der Natur gesehen haben, und komisch genug ist die Behauptung, daß der Verfertiger des Bildes mehrere tausend Schritte entfernt und in gleicher Höhe mit dem Berge hätte stehen müssen, um den Berg zugleich mit dem Himmel in dieser Ausdehnung zu sehen. Könnte denn der Künstler nicht auch näher auf einer andern Anhöhe oder einem andern Felsen sich befunden haben, von dem der Berg zugleich mit dem Detail des Vordergrundes sichtbar gewesen wäre. Und sollte es denn dem Künstler unerlaubt sein, sich das in seiner Phantasie vorzustellen und in einem Bilde wiederzugeben, was unserm Fuß unzugänglich ist und was man der Natur zwar nicht geradezu abmalen, wovon man aber doch mathematisch beweisen kann, wie es ganz der Natur gemäß gezeichnet und gemalt werden müsse.

Wenn Herr von Ramdohr behauptet, daß Herr Friedrich das Kruzifix auf seinem Bilde von unten auf beleuchtet, und ihm mit Valenciennes und Lairesse beweist, daß er dadurch gegen alle Regeln der Optik gefehlt habe, so pflichte ich allerdings dem, was die Männer über eine solche Beleuchtung sagen, vollkommen bei, nur Herrn von Ramdohr muß ich widersprechen, indem dieser Ausspruch auf das Friedrichsche Bild gar keine Anwendung leiden kann. Denn das Kruzifix ist hier durchaus nicht beleuchtet; es glänzt nur (als ein polierter Körper) in dem Purpurreflex des Abendrots. Was Herr von Ramdohr bei dieser Gelegenheit vom Prisma der Sonnenstrahlen spricht, verstehe ich gar nicht, aber seine Meinung, daß Herr Friedrich durchaus keine Strahlen in der Luft habe sehen können, muß ich wiederlegen, weil ich dies verstehe und Herr von Ramdohr alle Abende, wenn die Luft mit Dünsten angefüllt ist, eine ähnliche Wirkung in der Natur wahrnehmen kann. Wäre von dem Kritiker behauptet worden, daß Herr Friedrich seinen Berg mit der Luft in harmonische Verbindung hätte bringen können, so würde ich ihm beipflichten; aber es ist hart und unbegründet, wenn er sagt, daß die Erdmasse einen blaubraunen, höchst einfarbigen Ton habe und in schreiendem Kontrast zu dem lichten Himmel stehe. Daß Herr von Ramdohr mit dem Künstler darüber nicht streiten will, ob die roten Streifen, mit denen die Wolken besäumt sind, nicht in eine Gegend ihrer Wölbung gehören, die im Zenit des Beschauers steht, darin müssen wir ihm völlig recht geben, indem er bei diesem Streite nur verlieren könnte, da die Brechung des Lichts in den Dünsten allein diese Wirkung hervorbringen kann, sie also im Zenit völlig unmöglich ist.

Herr von Ramdohr läßt sich hierauf sehr mißbilligend darüber aus, daß einige Maler, die sich erst in späteren Jahren der Kunst ausschließlich gewidmet haben und den Mangel einer früheren technischen Bildung fühlen, sich dadurch zu helfen glauben, daß sie ihre Aufmerksamkeit verdoppeln, die Natur so ängstlich als möglich zu kopieren, dem Beispiele des Albrecht Dürer und einiger anderer älterer Meister folgen, die jedes Haar im Barte, jede Faser in der Pflanze mit sorgsamen Fleiße nachbilden und dadurch glauben, ihren Werken den eigentlichen Nationalcharakter der Deutschen, biedere, treue und anspruchslose Wahrheit, aufzudrücken. Indes meinte er aber, daß diese Herrn vergessen, wie unser Zeitalter an den großen Stil des Michelangelo, Raffael in seiner späteren Zeit der Carracci gewöhnt, ein Bedürfnis dieses fehlerhaften Luxus erhalten habe. Er bemerkt sehr richtig, daß für das (wie er es zu nennen liebt) nun freilich einmal durch Raffael, Michelangelo und die Carracci höchst verdorbene und verwöhnte Zeitalter schwerlich Kompositionen in dem Geschmack Albrecht Dürers ausgeführt werden dürften, von denen es die Nebenidee der harten, ängstlichen, steifen und geschmacklosen Nachäffung trennen könnte. – «Bis dahin», sagt Herr von Ramdohr, «daß jene Herren dies Wunder verrichten, will ich, der ich das Unglück habe, um fünfzig Jahre zu spät geboren zu sein, um statt der Bildung, die ich durch die klassischen Werke der Alten und Neuen erhalten, durch die Werke aus der ersten Kindheit der Kunst zum Gefühl des Schönen angezogen zu sein, ich, sage ich, will wenigstens unterdessen vor den Abwegen warnen, welches das ängstliche Bestreben, die Natur fein fleißig zu kopieren, so leicht herbeiführen kann.»

Herr von Ramdohr macht nun weitere Ausfälle gegen die Historienmaler, die sich jahrelang Modelle sitzen lassen und in Ermangelung dieser sich bald von dieser Person eine Hand, von jener ein Haar zusammenbetteln oder gar zum Gliedermann oder zu Modellen von Ton und Wachs ihre Zuflucht nehmen und, statt die Natur darzustellen, die abenteuerlichste Alfanzerei hervorbringen.

Auf wen eigentlich dieser Ausfall gerichtet ist, weiß ich nicht, und kann mir es auch, so sehr ich mir schmeichle, mit dem Streben der jetzt lebenden deutschen Künstler bekannt zu sein, nicht einmal denken. Den französischen Malern wurden in neuerer Zeit öfter ähnliche Vorwürfe gemacht, aber was haben die mit dem Charakter der Deutschen zu schaffen. Wie der Seitenhieb, der beträchtlich über eine Kolumne einnimmt, hierher gehört, weiß ich in der Tat nicht, soviel aber doch, daß er keineswegs die Frage: läßt sich die angegebene Naturszene malen, ohne die wesentlichen Vorzüge der Landschaftsmalerei aufzuopfern, beantworten hilft. Herr von Ramdohr sucht zwar dadurch wieder einen Übergang oder vielmehr einen Sprung auf diese Art von Malerei zu machen, daß er sagt, es sei das ängstliche Kopieren der einzelnen Gegenstände gerade dem Zwecke am meisten entgegen; denn in der Landschaft biete sich alles als Masse dar und leide durchaus kein anderes Detail, als gerade nötig sei, die Masse zu charakterisieren. Da dieser Kunstrichter gleich anfangs in seinem Aufsatze äußert, daß er keiner anderen Meinung als der der längst anerkannten großen Meister, Claude Lorrain, des Poussin und Ruisdael, zugetan sei, so erlaube er mir, daß ich jetzt gerade diese Männer zur Widerlegung seiner Behauptungen anführe. Gewiß hat nie ein Künstler mit zarterem Sinne die Natur in ihren feinsten Nuancen aufgefaßt und wiedergegeben als Claude [Lorrain]. Man könnte aus seinen Landschaften die Botanik erlernen, so sind die Pflanzen und Blumen in den Vordergründen ausgeführt. Aber komisch genug, gerade diesem Künstler, der alles, das einzelne wie das ganze, zur größten Vollendung ausbildete, macht Herr Ramdohr in seinem Buche über Malerei und Bildhauerei in Rom den Vorwurf, daß die Form der Blätter seiner Bäume nicht hinreichend bestimmt sei, obschon sein Baumschlag sonst sehr viel Abwechslung habe. Aber muß ich bei dieser Gelegenheit den kritischen Mann an das erinnern, was er in seiner «Charis» zu vernehmen gibt. «Die Belustigung, welche die schönen Künste dem *wohlerzogenen Menschen* zuführen wollen, kann in Gemäßheit ihres Wesens diesem gar nicht anders zugeführt werden, als durch einen vollständigen und richtigen Schein eines spezifischen Körpers in der Natur.» Und in demselben Buche sagte er: «Der Kohlkopf im Gemälde muß nicht bloß als ein Kohlkopf überhaupt, allenfalls mit besonderen Merkmalen einer guten Vegetation, dargestellt sein, sondern der Kohlkopf, den ich in diesem oder jenem Garten, in dieser oder jener Reihe gerade so neben andern Gewächsen und Gegenständen gesehen zu haben glaube.» Es sollte mir ein leichtes sein, aus Herrn von Ramdohrs eigenen Schriften ein paar Dutzend Stellen für und ebenso viele gegen das, was er über das Vollenden des einzelnen und die Nachahmung der Natur von sich hören läßt, anzuführen. Ich begnüge mich aber, ihn mit diesen wenigen auf seine Inkonsequenz aufmerksam zu machen. Indem sich der

Kunstrichter darüber ereifert, daß sich die Künstler jetzt gar zu sehr an die Natur halten, erklärt er es für eine Unmöglichkeit, größere Gegenstände der Natur selbst nachzubilden. Herr von Ramdohr vergißt oder weiß es gar nicht, daß die Künstler gewöhnlich einzelne Gegenstände der Natur zu ihren Studien benutzen und, indem sie an ihnen ihren Sinn für Wahrheit, Charakteristik und Individualität ausbilden und ihre Hand üben, das Beobachtete wiederzugeben, dasselbe ihrem Gedächtnis einzuprägen trachten, daß sie also nicht nötig haben, ein ganzes Bild nach der Natur zu malen, was ja auch dem Zwecke der Kunst entgegen sein würde. Diejenigen Menschen, denen es durchaus an Phantasie gebricht, können sich freilich nie eine Idee von dieser freien Schöpfungskraft machen. Es bleibt ihnen ein wenig unbegreiflich, wie andere aus eigener Fülle und Kraft hervorzubringen vermögen, sie müssen daher auch die Kunst immer nur für das halten, was ihr Wissen ist, für loses, törichtes Flickwerk. Daß aber nun Herr von Ramdohr, der Verfasser dreier Bände über Liebe, moralischer Erzählungen und so vieler Schriften über die Kunst, dieses Geheimnis der Kunstproduktion nicht kennt, wird vielen unglaublich scheinen. Allein, er behauptet schon früher, daß Herr Friedrich den Gegenstand, den er zu seinem Bilde wählte, in der Natur gesehen haben müsse, und nun sagt er vollends, da er dieser nicht habe habhaft werden können, um ihr alles getreu nachzubilden, so habe er sich mit einem Modell von Ton oder Wachs beholfen, worin er Tannen- und Föhrenreiser gesteckt und statt der Felsen Granitkiesel und Moos eingedrückt habe. Diese Masse hätte er nun mit einem Lichte von hinten beleuchtet, sich davor gesetzt und fleißig danach porträtiert. Ich will das Hämische nicht rügen, welches in dieser Behauptung liegt, ich will der Unwahrheit nicht dadurch begegnen, daß ich sage, ich habe das Bild entstehen sehen; daß das Werk das ganze Publikum ansprach, widerlegt die Behauptung von selbst. Was nicht aus dem Herzen kommt, kann nicht zum Herzen dringen, alles was der bloße Verstand mit Mühe und Sorgfalt zusammensetzen kann, wird uns immer fühllos und kalt lassen.

Das Wachs scheint übrigens zur fixen Idee bei diesem Kritiker geworden zu sein, und es ist ein Unglück, daß er es nie aus dem Kopfe bekommen kann, wenn er über Kunst Gericht hält. So sagt er zum Beispiel in seinem Buche über Malerei und Bildhauerei in Rom über Michelangelo: «In seinem Kolorit, im Helldunkel, scheint er sich gefärbte Wachsbilder zum Vorbilde genommen zu haben, die ein Ungefähr vereinigt hat», und in demselben Buch von Raffael: «Er scheint inzwischen nach kleinen Modellen von Ton und Wachs gearbeitet zu haben, die er der Perspektive und der Anordnung wegen zusammenstellte. Wenn diese von ungefähr eine glückliche Abwechslung von Licht und Schatten hervorbrachten, so trug er sie getreu in sein Gemälde über.» – Kurz, mit seinem Wachse sucht er jedem etwas anzukleben.

Die zweite Frage des Herrn von Ramdohr heißt: «Ist es ein glücklicher Gedanke, die Landschaft zu einer bestimmten religiösen Idee oder auch nur zur Erweckung der Andacht zu gebrauchen?» Er sagt bei dieser Gelegenheit, daß man schon lange Zeit davon gesprochen habe, die Landschaft könne noch idealisiert werden, und daß hier noch viel für den modernen Künstler zu tun sei. Er beehrt dieses mit seinem Beifall, nur, fügt er hinzu, müsse er, wenn er sich eine Stimme dabei anmaßen dürfe, drei kleine Bedingungen machen. Die erste davon wäre, daß dieses Idealisieren nur solchen Künstlern erlaubt würde, welche den mechanischen Teil der Kunst völlig innehaben. Zweitens sei es nötig, daß er mit dem Künstler über den Begriff des Idealisierens erst eins werde, und dann drittens müsse er sich ganz gehorsamst verbitten, daß es nicht auf dem Wege des Allegorisierens geschehe, den Herrn Friedrich eingeschlagen habe. Zuerst bemerke ich, daß der Kritiker zwischen Allegorisieren und aus Idee dichten, eine bestimmte Idee oder Empfindung mit einem Bilde ausdrücken, nicht gehörig unterscheidet, und indem er gegen Allegorie zu sprechen glaubt, sich gegen die Bedeutung, gegen den Sinn auflehnt, also Unsinn in der Kunst zu verlangen scheint. Wir haben dagegen nichts einzuwenden, nur bitten wir, daß uns derselbe nicht aufgetischt werde, besonders, da nach Herrn von Ramdohrs Meinung die nachbildenden Künste bei dem Eindruck, den sie hervorbringen wollen, hauptsächlich auf die Assoziation der Ideen rechnen, welche die dargestellten Gegenstände erwecken, sie also unsinnige Ideen in uns hervorbringen müßten. Aus dieser Ansicht ließe sich's denn auch erklären, was mir anfangs unbegreiflich war, daß ein einziges Bild so viel Unsinn und Narrheit in der Welt verbreiten könnte, daß der Geschmack und das Zeitalter darin untergehen müßten.

Was mich betrifft, so finde ich in Herrn Friedrichs Bilde keine eigentliche Allegorie, die, nur eine Sache oder Eigenschaft anzudeuten, fremde Gegenstände borgt, welche dieselbe nur bezeichnen sollen. Doch ich stelle das Bild nochmals vor die Augen des Publikums. Hoch auf dem Gipfel eines Felsens stehet das Kreuz, umschlungen von immer grünendem Efeu und von immergrünen Tannen umgeben, strahlend sinkt die Sonne nieder, und im Glanze des Abendrots leuchtet der Heiland am Kreuze. Wohl fühle ich, daß der Künstler eine Idee mit dieser Darstellung verband, und sie wird mir klarer, deutlicher und bedeutender, je mehr ich mich der Betrachtung seines Bildes hingebe. Ist hier aber Allegorie, so hat es auch die Natur an sich, daß sie stets allegorisiert, und die Frage, ob es möglich sei, mit einer Landschaft eine bestimmte Idee oder Empfindung ausdrücken zu können, wäre denn dadurch schon beantwortet. Charakter würde Herr von Ramdohr wohl schwerlich in Herrn Friedrichs Landschaft vermißt haben, wenn er, wie er selbst sagt, nicht bloß drei Arten desselben kennte, «nämlich den schnell anstrengenden, feierlichen, den allmählich dehnenden, zärtlichen und den zum Hüpfen einladenden, muntern». Es ist keineswegs meine Absicht, durch Aufsuchung anderer Arten desselben den aufzufinden, welcher Herrn Friedrichs Bilde eigentümlich ist; aber eine vierte Art drängt sich mir bei Durchlesung dieser Kritik gar zu gewaltig auf. Dies ist der ganz gedehnte, Gähnen und Schlafsucht erregende Charakter.

Wer es für unmöglich hält, mit der Landschaft Ideen und Empfindungen auszudrücken, und glaubt, daß zu dem Zwecke das angewöhnte Verhältnis der Gegenstände in ein ungewöhnliches verwandelt werden müsse, der kann wohl niemals von der Natur gerührt gewesen sein. Denn sind es nicht Gestalten, Formen, Bilder, Farben und Einwirkungen des Lichts, wodurch die Natur zu unserm Gemüte spricht, sind es nicht dieselben Formen, Bilder und Farben, worein sich unsere Phantasie kleidet, wenn sie heraus in die Außenwelt treten will? Wer aber nie mit der Natur in vertrautem Umgange gelebt, sich nie den Anklängen hingegeben hat, mit denen sie unser Gemüt erfreulich anspricht, dem wird ihre Sprache stets fremd und unverständlich bleiben, für den sollte man freilich, um mich des Ausdrucks unsers Kritikers zu bedienen, die Bäume mit Backwerk belauben, um ihm Interesse und Geschmack für ihre Erscheinung abzugewinnen. Wem aber dieser Sinn für das Hohe und Bedeutende in der Natur abgeht, der wird auch nie in den Geist und das Wesen der Kunst eindringen und ihre Natur und Bedeutung ergründen können, der mag es denn auch als Profanation der Kirche ansehen, wenn ein Poussin in dem Tempel S. Martino al Monti in Rom die großen erhabenen und rührenden Eindrücke in Bildern wiedergibt, die er vorher in der Natur erhalten hat, der mag wie Herr von Ramdohr ausrufen: «In der Tat, es ist eine wahre Anmaßung, wenn sich die Landschaftsmalerei in Kirchen schleichen und auf Altäre kriechen will.»

Die dritte Frage: Ist es der Würde der Kunst und des wahrhaft frommen Menschen angemessen, durch solche Mittel, wie sie Herr Friedrich angewandt, zur Devotion einzuladen? beantwortet Herr von Ramdohr eigentlich ebensowenig oder noch weniger als die vorhergehenden. Er spricht bei dieser Gelegenheit vorzüglich von dem Rahmen, der das Gemälde umgibt und dadurch im Zusammenhange mit demselben steht, daß Herr Friedrich durch Symbole auf die Gedächtnisfeier dessen hindeutet, der sein Leben für unser Wohl hingab und der in dem Gemälde am Kreuze erscheint. Da die Bilder, deren sich der Künstler hierzu bediente, so klar und deutlich und jedem Christen bekannt sind, so sollte Herr von Ramdohr, der selbst die in seinem öfter angeführten Werke über Malerei und Bildhauerei in Rom aufgeworfene Frage, wie weit der Künstler mit seinen allegorischen Bezeichnungen gehen darf, mit der Antwort abfindet: «So weit, als er allen Menschen, die zu dem Genusse der schönen Künste berechtigt sind, verständlich zu bleiben glauben darf», als devoter, zum Genusse der schönen Künste berechtigter Mensch und Christ nichts dagegen einzuwenden haben. Dessen ungeachtet nimmt der Kritiker an diesem Rahmen einen dreifachen Anstoß; erstens darum, weil er ihn für einen integrierenden Teil des Bildes hält, ohne den (ihm wenigstens) die Allegorie desselben unverständlich bleiben würde, zweitens, weil Herr Friedrich demjenigen Bedeutung und Interesse zu geben suchte, was nur dazu dienen soll, das Bild zu begrenzen und einzuschließen, und drittens und hauptsächlich deswegen, weil er, wenn er die Emblemik des Rahmens mit der Allegorie des Bildes zusammensetzt und die Tendenz des Ganzen erwägt, den Einfluß nicht verkennen kann, den ein jetzt herrschendes System auf die Komposition des Künstlers gehabt hat, nämlich jener Mystizismus, von dem Herr von Ramdohr bemerkt, daß er sich überall einschleiche, aus der Kunst wie aus der Wissenschaft, aus der Philosophie wie aus der Religion gleich einem narkotischen Dunste entgegen*wittere* und ihn für die Folgen der gegenwärtigen Zeit zittern mache, weshalb er an diejenige erinnere, welche gegen das Ende der römischen Monarchie den Verfall der wahren Gelehrsamkeit und des Geschmacks herbeiführte.

Wenn es eine Eigenschaft aller Menschen von wahrer Genialität und von schnell ergreifendem, durchdringendem Verstande ist, daß sie sich leicht in die Ideen und Ansichten anderer zu finden wissen, daß sie alles Neue für eignen Gewinn, für Bereicherung ihres Wissens und ihrer Umsicht betrachten, daß sie sich bei allen Erscheinungen mehr als das Positive, an das Schöne und Eigentümliche halten, daß sie leicht über das Mangelnde und Fehlerhafte wegsehen und bescheiden von sich und ihren Talenten denken, so scheint es dagegen den Leuten, die als das vollkommene Gegenteil von diesen betrachtet werden können, eigen zu sein, daß sie jede Äußerung einer andern Meinung, als die ihrige ist, für eine Beeinträchtigung ihres Wesens, für einen Eingriff in ihr Eigentum betrachten, besonders, wenn sie sich einmal mit Spekulation befaßt und Theorien aufgestellt und kompiliert und dadurch einen Weg vorgezeichnet und gangbar gemacht zu haben glauben. Wehe dem, der dann keine Rücksicht darauf nimmt, davon abweicht und ihnen seinen Zoll nicht entrichtet.

Werfen wir nun im allgemeinen einen Blick auf die Kritik des Herrn von Ramdohr, auf den urbanen höflichen Ton, auf die Würdigung des Talents, mit der er beginnt und zu bestechen sucht, auf die Anmaßung und Prätension, mit der er seine Sätze aufstellt, auf die Sophisterei, mit der er sie auseinandersetzt, auf das Bild anwendet und womit er am Ende dem Künstler alles und jedes Verdienst abspricht; ferner auf die Nichtigkeit seiner Behauptungen, die Inkonsequenz, womit er zum Beispiel die Künstler auf die Nachahmung des Raffael, Michelangelo und der Carracci hinweist, nachdem er kurz zuvor gezeigt hat, wie unmöglich es sei, die früheren Meister nachzuahmen, weil sich in ihren Werken der eigentümliche Charakter und Geist ihres Zeitalters ausgedrückt habe, wie die Nachahmung derselben in unseren Tagen nur geistlose Nachäfferei sein würde; ferner die Feindseligkeit, mit der er den Bestrebungen neuerer Künstler begegnet, in deren Werken sich das Eigentümliche ihrer Zeit, die höheren Ansichten der Natur und der Wissenschaft zu entwickeln und zu bilden anfangen, und wie er, der Vielgereiste, ohne eine Ahnung von dem beständigen Wechsel der Dinge zu haben, bei diesen Erstlingen gleich vom Untergang des guten Geschmacks, von Nacht und Barbarei spricht – so wird es wohl leicht sein zu bestimmen, zu welcher Art der oben bezeichneten Geister dieser Kunstkritiker zu rechnen sein möchte. Ich habe geflissentlich selbst nichts Bestimmtes über Herrn Friedrichs Arbeiten aussprechen wollen, weil ich glaube, dies gänzlich dem Publikum und der Zeit überlassen zu müssen. Aber ich finde es, um mit Arndt zu sprechen, menschlicher, in dem Höchsten und Tiefsten zu irren, als sich nie von dem falschen Boden elender Sicherheit zu versteigen; daher muß jedes eigentümliche Streben eines Mannes von Talent und Kraft achtenswert und interessant sein, indem es uns selbst eine neue Ansicht von der Kunst gibt; wir müssen ihn, wenn er es nur treu und ernsthaft meint, auch in seinen erhabenen Irrtümern ehren, weil er sich selbst opfert und sich dem Tadel der nüchternen, polierten, untadelhaften Gewöhnlichkeit preisgibt für eine Sache, die allen freien Naturen etwas mehr gilt als bloße Belustigung und welche die heiligsten Gedanken des menschlichen Geschlechts der Mit- und Nachwelt zu offenbaren bestimmt ist. Ob im vorliegenden Falle wirklich geirrt worden sei, darüber läßt sich nach gewissen, auf Treue und Glauben an andre hingenommenen oder aus eigenen engen Begriffen hervorgegangenen Regeln und Theorien nicht absprechen. Gegen etwaige Nachahmer eines solchen Talents würde ich mir inzwischen schon ein bestimmteres Urteil erlauben. Auf welche Kraft sich übrigens der Übermut des Herrn von Ramdohr, den Geschmack seines Zeitalters leiten und lenken, in seinem Fortschreiten oder Verfall aufhalten zu wollen, eigentlich stütze, das will ich nicht bloß mit der Widerlegung dieser Kritik gezeigt haben, sondern dem Publikum noch ein Potpourri aus dessen gesamten Schriften über die Kunst hinzufügen, wodurch es, wie ich hoffe, selbst instand gesetzt werden soll, hierüber zu urteilen.   Dresden, den 21. Februar 1809

Bemerkungen eines Künstlers
über die Kritik
des Kammerherrn von Ramdohr,
ein von Herrn Friedrich
ausgestelltes Bild betreffend

Gerhard von Kügelgen

So sehr auch das zarte Selbstgefühl dieses Künstlers durch jenen wirklich wenig schonenden Aufsatz beleidigt und gekränkt ist, so muß man doch mit Achtung die Tendenz des Herrn von Ramdohr anerkennen, mit welcher er die nach seinen Ansichten in Regellosigkeit irrenden Künstler auf den rechten Weg zurückführen möchte. Auch kann man seinen über Landschaftsmalerei aufgestellten Sätzen in vielen Stücken beistimmen; nur erlaube man mir, mich als ausübender Künstler gegen die Art und Weise zu erklären, mit welcher Herr von Ramdohr Herrn Friedrichs Streben in diese Sätze hineinzwängen und dem Gebiete der Kunst so enge Grenzen abstecken will. Herr von Ramdohr möge mir verzeihen, wenn ich sein Verfahren hierin diktatorisch nenne und seinen Beruf dazu nicht erkennen kann, wie ihm denn dies auch ein anderer Künstler, Herr Hartmann, durch einen Aufsatz im *«Phöbus»* mit vieler Gründlichkeit dargetan hat. In allen klassischen Werken finden wir die Idee, diesen innersten geistigen Gehalt, und die Form, die äußere Gestaltung des Kunstwerks als Einheit im schönsten Verein wie Seele und Körper; und so wie der Körper sich nach dem Lebenskeim gestaltet, so empfängt auch das Kunstwerk seine äußere Form nach der Idee und nach dem Gefühl, welches der Künstler ja nur durch die Form aussprechen will, die sich freilich nach Regeln gestaltet, welche man vorfindet, aber auch wohl erfindet, wie es doch die ersten Künstler tun mußten, welche die Regeln wahrlich nicht von Adam erbten.

Warum soll nun Herr Friedrich nicht nach seiner Idee, nach seinem Gefühl, welches man doch erkennt, auch die äußere Form auf seine Weise bilden dürfen? Weil es nicht nach der Regel ist, welche Herr von Ramdohr in den alten Klassikern findet? – Wenn nun die Alten es auch immer beim alten gelassen hätten, wäre die Kunst dann fortgeschritten?

Ich habe nichts dagegen, wenn die Art und Weise von Friedrichs Ausführung zu manchem Tadel geeignet gefunden wird. Nur tadle man mit Nachsicht und Schonung und vergesse nicht, das geistige Prinzip eines solchen Strebens in unserer geistarmen Zeit als eine erfreuliche Erscheinung zu bewillkommnen, wo so mancher ihn um diese Prometheusfackel beneiden möchte, welcher mühsam mit allem technischen Fleiß und Beobachtung der Regeln arbeitet, aber doch dadurch für die innere fehlende Lebenswärme nicht schadlos halten kann, die wir in den vom Zauber falscher Schminke strahlenden Historien-, Porträt- und Landschaftsdarstellungen so mancher neuerer Künstler vermissen.

In diesem eignen geistigen Leben liegt eben die Magie oder das Geheimnis, welches die Mengs und Hackerts vergebens suchten, um Raffael und Claude Lorrain zu sein. Daß Herr Friedrich dieses Geheimnis besitzt, darüber ist nur eine Stimme. Da es ihm von Herzen geht, so spricht er auch zum Herzen. Und wenn, wie gesagt, seine Darstellungsweise Tadel verdient (wie das denn bei seiner noch geringen Übung im Ölmalen nicht befremden kann), so geschehe dies wenigstens mit Wahrheitsliebe und nicht auf die Weise, in welcher Herr von Ramdohr Friedrichen andichtet: als habe er ein aus Wachs geknetetes, mit Reisern bestecktes Berglein, durch ein dahinter gestelltes Licht beleuchtet, mühsam nachporträtiert. – Ich habe die vielen Studien gesehen, welche Herr Friedrich mit bewunderungswürdiger Treue und Liebe nach der Natur gezeichnet hat, und kenne nicht nur dies eine Bild von ihm, wie Herr von Ramdohr, sondern habe mehrere gesehen, aus welchen allen man ein treues Streben nach Wahrheit erkennt, so daß ich ein Recht zu haben glaube, öffentlich zu sagen: daß den Herrn von Ramdohr seine Gerechtigkeitsliebe ganz verlassen hatte, wenn er sagen konnte, «man sieht die Bäume vor lauter Reisern nicht».

Erlaube man mir nun noch die Frage, welche Anmaßung wohl größer sei, die, mit landschaftlichen Gegenständen das Gemüt zur Andacht zu erheben, das heißt uns die bessere Seele in uns empfinden zu lassen, was doch jedes Kunstwerk bewirken soll (Herr von Ramdohr sagt: wenn die Landschaftsmalerei sich in Kirchen schleichen und auf Altäre kriechen will!), oder die, mit solchen Ausdrücken das schöne Streben eines sich entfaltenden Genius zu beleidigen und mit seinen Gesetzen der Kunst Grenzen zu bezeichnen, wie weit sie gehen könne.

Wo Herr von Ramdohr gegen den Mystizismus eifert, mag er volles Recht haben; unrecht finde ich es nur, daß er in diese sinn- und formlose Schar den Herrn Friedrich hinstoßen wollte, dessen Geist von wahrer Andacht erfüllt ohne alle Anmaßung seinen eigenen Weg für sich nur gehen will, woraus Herr von Ramdohr großes Unglück weissagt. Sollte durch die Frömmigkeit, die man in seinen Bildern wahrnimmt, die Frömmelei, an welcher unser Zeitalter kränkelt, zu viele Nahrung gewinnen und sollte diese Ansicht der Landschaftsmalerei als einzig herrschend gelten wollen, alsdann würde es Zeit sein, in diesem Streben die krankhafte Seite zu zeigen.

Es ist traurig, wie doch fast alle Kunstkritiken unserer Zeit so wenig erweisen und wie diese Herren Kunstkritiker selbst so wenig wissen, was sie von der Kunst verlangen und denken sollen, sich aber anstandshalber so stellen, als seien sie in die geheimsten Geheimnisse dieser Göttin eingeweiht. Da wirft man dann gewöhnlich dem Künstler vor, daß man in seinen Werken zu viele Reminiszenzen aus alten Klassikern und zu wenig Originalität wahrnimmt, und tadelt dann wieder ebendiese Originalität, wenn sie erscheint, und will mehr an diese klassischen Werke erinnert sein. Möchten doch diese Herren Kritiker einmal auf die ganz einfache Idee kommen, jedes Kunstwerk nach dem lebenswahren Eindruck zu würdigen, den es auf Sinn und Gemüt macht, und es da tadeln, wo es kalt, schleppend und unwahr ist. Die Regel existiert freilich in der Kunst wie das Gesetz im bürgerlichen Leben. Ist es aber in diesem schon schwer zu finden und aufrechtzuhalten, um wieviel mehr nicht im geistigen Leben der Kunst. Diese Kunst sehen wir in der Kunstgeschichte sich in mannigfachen Gestalten gefallen, und wer will und kann bestimmen, daß sie nicht in noch ungekannten sich gefallen möge? Friedrichs Originalität sei uns um so willkommener, da sie uns eine bisher weniger beachtete Form von Landschaftsmalerei darbietet, in welcher sich bei seiner Eigentümlichkeit ein gemütvolles Streben nach Wahrheit zu erkennen gibt.

Möge das Publikum einmal anfangen, es mit den Künstlern und mit sich selbst gut zu meinen und die Fähigkeit in der Erkenntnis des Guten und Wahren ebenso auszubilden, als man bisher das Gegenteil tat, damit der Künstler doch von einer Seite eine Aufmunterung erhalten möge, da er wahrscheinlich nicht zum Übermute gereizt wird.

Es sei mir vergönnt, noch die Bemerkung des Herrn von Ramdohr anzuführen: daß nämlich unsere Zeit, durch den großen Stil Michelangelos und Raffaels verwöhnt, der Kleinheit der neueren Kunstjünger nicht huldigen könne. Möchte er wahr gesprochen haben und es nicht leichter sein, ihm das Gegenteil darzutun, und wo er Großheit wähnt, nur Leerheit zu sehen sein, welche aus bunten englischen Kupfern und aus nachäffender Formsucht nach antiken Statuen abstammend leider noch zu sehr den Geschmack dieser Zeit befangen hält.   Gerh. von Kügelgen

Bekenntnisse zu
Caspar David Friedrich

An einem schönen Sonntagnachmittag, als Caroline am
Piano saß, um sich die etwas langgedehnten Stunden, wie
sie ein Feiertagsnachmittag immer zu bringen pflegt, durch
Gesang zu verkürzen, zeigten sich zwei Fremde auf der
Straße. Es war der Landschaftsmaler Friedrich und der
Bildhauer Kühn, die, von Dresden kommend, auf einer
Harztour begriffen waren und ein oder zwei Tage in Bal-
lenstedt verweilen wollten. Sie kamen sogleich, Carolinen
aufzusuchen, und das Zusammensein mit beiden Künst-
lern war für sie ein überaus großes Vergnügen.

Friedrich war damals in der Blüte seiner Künstlerlauf-
bahn. Seine Persönlichkeit erschien ebenso interessant wie
eigentümlich. Er war groß, stark gebaut, blond, von ern-
stem Ausdruck: eine echt nordische Erscheinung. Caroli-
nens Eltern bewirteten die beiden Gäste, die sich's in dem
patriarchalischen Leben des Hauses sehr wohl sein ließen.
Friedrich streifte viel in der Umgegend von Ballenstedt
umher und zeichnete nach der Natur. Wie er in seinem
Wesen erschien: still, verschlossen, weltscheu, absonder-
lich, tief denkend, voll warmer Liebe für Kunst und Natur – so waren auch seine Bilder: wunderbar einfach, me-
lancholisch, eigentümlich, voll geistreicher religiöser
Bedeutung. Man erzählte, Friedrich habe in früher Jugend
das Unglück gehabt, einen sehr geliebten Bruder beim Baden ertrinken zu sehen, ohne ihm zu Hülfe kommen zu
können, nachdem er selbst früher durch denselben Bruder
aus ähnlicher Gefahr gerettet worden war. Dieses traurige
Geschick habe ihm unauslöschlich den Stempel der
Schwermut aufgedrückt. Doch ist wohl zu glauben, daß der
besondere Ausdruck seines Wesens ihm unmittelbar von
der Natur gegeben war. Mit diesem Hang zur Melancholie
brachte man den enormen Bart, den er trug, in Verbindung, der ihm manche Neckerei anderer Künstler zuzog.
«Wer Friedrich noch einmal sehen wollte», hatte Hartmann gesagt, «solle sich beeilen, da er nächstens ganz zu-

wachsen werde.» Friedrichs Landschaften wurden wegen der gedankenreichen Eigentümlichkeit ihrer Motive und der hohen Meisterschaft ihrer Ausführung außerordentlich gesucht und wertgehalten. Sein Ruhm war schon damals, als er nach Ballenstedt kam, weit verbreitet.

Line war stolz darauf, einen so berühmten Mann in ihrer Eltern Haus zu sehen, und die hohe, ernste Gestalt des Malers imponierte ihr außerordentlich, wogegen Kühn, der kleine Unberühmte, nicht viel von ihr beachtet wurde. Als beide Künstler zur Fortsetzung ihrer Wanderung aufbrachen, begleiteten die Schwestern sie eine Stunde Wegs durch den Wald. Mine ging voran, nicht darauf achtend, wer von der kleinen Gesellschaft zunächst folgte. Da wird sie von dem hinter ihr Gehenden angeredet: «Haben Sie auch schon einmal eine Reise gemacht, schönes Minchen?» – Potztausend, wie klingt ihr die Anrede ritterlich und fein! Da sie nun nicht anders denkt, als es sei der berühmte Maler Friedrich, der so zu ihr spricht, fühlt sie sich über die Maßen geschmeichelt und antwortet im artigsten Tone. Wie aber fällt der Wert der ihr gewordenen Auszeichnung im Kurse, als sie sich umdreht und nur den kleinen Bildhauer erblickt. Sie wäre gerne grob geworden über die unliebsame Täuschung.

Carl Gustav Carus

… Ich unterließ nun bei dieser Gelegenheit nicht, David auch zu Friedrich zu führen und ihn, der noch von dessen neuer und eigentümlich poetischer Art der Behandlung der Landschaft gar keinen Begriff hatte, in diese Vorstellungsweise einzutauchen. Die Wirkung war schlagend! David war, womit vielleicht überhaupt seine Verehrung Deutschlands zusammenhing, einer der wenigen Franzosen, welche dergleichen Richtungen unseres Genius wirklich verstehen können, und so brach denn auch vor einem der neueren seltsamen Bilder Friedrichs jenes von mir anderweits schon erwähnte hübsche Wort hervor: «Voilà un homme, qui a découvert la tragédie du paysage.»

Auch manche von meinen Bildern wirkten in diesem Sinne bedeutend auf unsern neuen Freund, welcher denn nicht verfehlte, einige Gemälde Friedrichs anzukaufen und ein paar andere von mir anzunehmen, gegen welche er mir später eine kolossale Büste von George Cuvier und einige seiner lebensvollen kleinen Statuetten sendete.

… Was Friedrich betrifft, so lebt er zwar jetzt leidlich genug, jedoch vom Schlage gelähmt und ohne zu arbeiten oder geistigen Umgang zu gewähren. Seine Tochter ist an einen braven Elbfischer verheiratet – Freunde haben eine Unterstützung für ihn selbst zusammengebracht, der er wohl bedurfte. Es ist aber seltsam, wie doch jene ganze Kunstperiode, in welcher Friedrich, Matthäi, Vogel, Rößler, Klengel und Hartmann tätig waren, jetzt schon so ganz untergegangen oder durch die neu aufgehenden, hier sich fixierenden Zweige Düsseldorfer Schule weit zurückgedrängt ist! – Da meine Kunstbestrebungen selbst noch mehr in dieser frühen Zeit wurzelten und immer mit denen Friedrichs so nahe verwandt waren, so macht dies mir oft einen eigen wehmütigen Eindruck. Es ist wohl schon ein paar Monate, daß ich keinen Pinsel angerührt habe. Ich fühle mich in meinem Innern noch so jugendlich, und doch merkt man an dem Vorübergehen solcher Perioden so sehr, wie das Alter herankommt.

Der erste dieser (hinscheidenden) Freunde war Friedrich. In seiner eigentümlichen, immer dunklen und oft harten Gemütsart hatten, offenbar als Vorläufer eines Hirnleidens, dem er auch später erlag, gewisse fixe Ideen sich entwickelt, welche anfingen, seine häusliche Existenz vollständig zu untergraben. Mißtrauisch, wie er war, quälte er sich und die Seinigen mit Vorstellungen von der Untreue seiner Frau, die ganz aus der Luft gegriffen waren, dessenungeachtet aber hinreichten, ihn ganz zu absorbieren. Anfälle von roher Härte gegen die Seinen blieben nicht aus, ich machte ihm die ernstesten Vorstellungen darüber, suchte auch als Arzt einzuwirken, aber alles vergebens, und so wurde denn natürlich auch dadurch mein Verhältnis zu ihm gestört, ich kam fast nicht mehr zu ihm, bis späterhin, nachdem er vom Schlage gelähmt wurde, um ihm noch nach Kräften nützlich zu sein, verlor aber doch immer einen bedeutenden und mir in jeder Beziehung werten Umgang.

Was meinen verewigten Freund *Caspar David Friedrich* betrifft, so waren wir schon um das Jahr 1818 einander nähergekommen. Er stand damals in den vierziger Jahren, und die Schärfe seiner Individualität war eben um diese Zeit leiblich und geistig am entschiedensten ausgeprägt. Gebürtig vom Strande der Ostsee, eine recht scharf gezeichnete norddeutsche Natur, mit blondem Haar und Backenbart, einem bedeutenden Kopfbau und von hagerem, stark knochigen Körper, trug er einen eigenen melancholischen Ausdruck in seinem meist bleichen Gesicht, dessen blaues Augenpaar so tief unter dem stark vorspringenden Orbitalrande und buschigen, ebenfalls blonden Augenbrauen verborgen lag, daß darin der Blick des die Lichtwirkung im höchsten Grade konzentrierenden Malers sehr charakteristisch sich erklärt fand. Friedrich erfuhr als Jüngling das Schreckliche, daß beim Schlittschuhlaufen ein besonders geliebter Bruder, mit dem er sich bei Greifswald auf dem Eise befand, vor seinen Augen einbrach, und von der Tiefe verschlungen wurde. Kam nun hinzu ein sehr hoher Begriff von der Kunst, ein an sich düsteres Naturell und eine aus beiden hervorgehende tiefe Unzufriedenheit mit seinen eigenen Leistungen, so begriff man leicht, wie er einst wirklich zu einem Versuche des Selbstmordes sich verleitet finden konnte. Er hüllte dies immer in ein tiefes Geheimnis, aber man wird fühlen, wie gerade eine solche begonnene, obwohl noch zu rechter Zeit gehinderte Tat notwendig eine dumpfe und dunkle Nachwirkung auf eine Individualität dieser Art ausüben mußte. Seine ersten Studien hatte er auf der Akademie zu Kopenhagen gemacht, und im Jahre 1798 kam er nach Dresden, wo er 1817 zum Mitgliede der Akademie und später zum Professor der Landschaftsmalerei erwählt wurde. In Dresden hatte er sich stets sehr abgesondert gehalten, an keinen der damaligen Professoren sich angeschlossen und so allmählich einen eignen tiefpoetischen, doch oft auch etwas finsteren und schroffen Stil der Landschaft sich ausgebildet. Wie in der Kunst, so war er auch im Leben: von strenger Rechtlichkeit, Geradheit und Abgeschlossenheit – deutsch durch und durch –, nie hatte er auch nur versucht, eine der fremden modernen Sprachen zu erlernen, aller Ostentation fremd wie jeder luxuriösen Geselligkeit. Man sah ihn fast nie unter Menschen, und ich erinnere mich eines einzigen Abends, da es uns gelungen war, ihn in einem kleinen Familienzirkel bei uns festzuhalten. Die Dämmerung war sein Element, früh im ersten Morgenlicht ein einsamer Spaziergang und ebenso ein zweiter abends bei oder nach Sonnenuntergang, wobei er indes die Begleitung eines Freundes gern sah; das waren seine einzigen Zerstreuungen; übrigens brütete er in seinem stark beschatteten Zimmer fast fortwährend über seinen Kunstschöpfungen. Man kann denken, daß diese Natur mich reizte, und ich darf sagen, auch er hatte mich bald liebgewonnen und folgte ebenso meiner Art von Natur- und Kunstanschauung mit aufrichtiger Teilnahme.

Es war mir von großer Wichtigkeit, Friedrichs Verfahren bei Entwerfung seiner Bilder kennenzulernen. Er machte nie Skizzen, Kartons, Farbenentwürfe zu seinen Gemälden, denn er behauptete (und gewiß nicht ganz mit Unrecht), die Phantasie erkalte immer etwas durch diese Hilfsmittel. Er fing das Bild nicht an, bis es lebendig vor seiner Seele stand, dann zeichnete er auf die reinlich aufgespannte Leinwand erst flüchtig mit Kreide und Bleistift, dann sauber und vollständig mit der Rohrfeder und Tusche das Ganze auf und schritt hierauf bald zur Untermalung. Seine Bilder sahen daher in jeder Stufe ihrer Entstehung stets bestimmt und geordnet aus und gaben immer den Eindruck seiner Eigentümlichkeit und der Stimmung, in welcher sie ihm zuerst innerlich erschienen waren.

«Ein Bild soll nicht erfunden, sondern empfunden sein», war sein Grundsatz, und man darf sagen, alle seine Bilder sind auf diese Weise entstanden. Sehr lehrreich für mich war das entschiedene Gefühl für reine Konzentration des Lichtes, welches seine Werke auszeichnete. Er sagte mir einmal, «ein Traum habe ihm zuerst darüber die rechte Erkenntnis gegeben», und er hielt diese Erkenntnis, welcher von Künstlern selten ganz gebührend Rechnung getragen wird, sehr fest. Ist doch überhaupt in dieser Beziehung einer künftigen «Wissenschaft der Kunst» noch viel vorbehalten, klar auszusprechen, was jetzt nur einzeln dunkel gefühlt wird.

Was künstlich ist, verlangt geschloss'nen Raum,
Natürlichem genügt das Weltall kaum;
ist ein Wort, das man hier als Grundthema betrachten dürfte. Das Bild, könnte man sagen, ist ein fixierter Blick; das gewöhnliche Sehen als ein bewegliches und stets bewegtes Umschauen in der natürlichen Welt kennt keine Konzentration der Massen und des Lichts, der möglichst festgeheftete Blick dagegen (einen absolut festgehaltenen gibt es nicht, wegen der steten innerlichen Erzitterung des Auges) zeigt uns allemal in der Mitte des Sehfeldes, da, wo die beiden Augenachsen sich vereinigen, die größte Deutlichkeit, das heißt also auch die vollkommenste Lichtwirkung; das Bild folglich, welches als solches die Anschauung bieten soll eines nachgeahmten, aber durch Geistesabstraktion wirklich fixierten Sehfeldes oder Blickes, verlangt eben darum durchaus teils den «geschlossenen Raum», teils auch objektiv die Konzentration der Lichtwirkung, und unwillkürlich und halb unbewußt fühlt es daher sogleich der Beschauer als einen Mangel, wenn diesen Bedingungen nicht vollständig entsprochen ist. Friedrich empfahl mir einst ein Experiment, welches mich sehr aufklärte und welches ich hier noch erzähle, weil es wohl manchem nützlich

werden könnte. Ein Mondscheinbild fand er einst auf meiner Staffelei, was ihm wahrhaft gefiel seiner Empfindung und Anordnung nach, welchem aber eben jene Konzentration noch sehr fehlte. Da bat er mich, eine dunkle Lasur auf die Palette zu nehmen und außerhalb des Mondes und der nächst erleuchteten Stellen alles, und je mehr gegen den Rand des Bildes um so dunkler, damit zu übertuschen und dann auf die veränderte Wirkung achtzugeben. Ich tat es, und das Bild war mit eins ein anderes geworden; nun erst war die Illusion der Mondbeleuchtung deutlich.

Dabei erfreute ihn übrigens sehr ein gewisser freier Naturalismus in meinen Bildern, wie er eben nur aus unzähligen Naturstudien vollkommen hervorzugehen pflegt. Friedrich war es daher namentlich, der mich ermutigte, einige kleine Ölbilder an Goethe zu senden, dem sie gewiß gefallen würden. Auch dies tat ich, und der alte Meister hat denn auch dieser Dinge in seinen Heften von Kunst und Altertum sehr teilnehmend gedacht, besonders eines Osterabends mit Faust und Wagner, welches späterhin Eigentum der Königin Caroline von Bayern geworden ist.

Mein Freund war dann im Jahre 1818 einmal wieder in seiner Vaterstadt Greifswald gewesen und hatte auch die Insel Rügen wieder durchwandert und mannigfache Studien mitgebracht, welche mich nicht wenig ergriffen und sehr den Wunsch rege machten, diese Gegenden und namentlich das Meer selbst kennenzulernen. Das nächste Jahr gelang mir wirklich die Erfüllung dieses Wunsches, und so danke ich auch Friedrich Eindrücke, die, selbst nachdem ich späterhin so viel Größeres und Reicheres gesehen, immerfort eine eigentümliche Tiefe und Schönheit bewahrt haben, mich aber zugleich auch immer deutlicher verstehen ließen, was eigentlich bei seinen Bildern der Magnet war, der mehr oder weniger ihrer aller Richtung bestimmte. Ich werde darauf noch kommen, wenn ich ausführlich meiner Rügenschen Wanderung gedenke.

Sehr überrascht waren Friedrichs Freunde, als er um diese Zeit sich verheiratete, denn dem menschenscheuen, melancholischen Künstler hatte niemand diesen Entschluß zugetraut. Er wohnte da an der Elbe, man nennt es den Elbberg, und eine Bürgerstochter aus seiner Nähe – er hatte sie wohl beim Stellen lebender Bilder kennengelernt, welches die jüngeren Künstler zuweilen veranstalteten – war seine Wahl; eine einfache, stille Frau, die ihm nach und nach einige Kinder gebar, übrigens aber sein Wesen und sein Leben in nichts änderte.

Seine Bilder waren damals sehr gesucht, und er erhielt viele Besuche hoher und geringer Kunstfreunde, wobei es denn zuweilen auch an wunderlichen Begegnungen nicht fehlte, indem manche seiner Werke geradezu von kälteren Naturen gar nicht verstanden werden konnten. So führte der weltbekannte gelehrte Hofrat Böttiger, mit dem auch ich damals öfters in Berührung kam und von dessen überall behäbiger Gefälligkeit und (nach Goethe's Ausdruck) Ubique-Natur viele Geschichtchen kursierten, einst aristokratische Damen bei ihm ein, als eben ein neues Bild, eine weite nebelige Gebirgsferne mit einem einzigen darüber schwebenden Adler, auf der Staffelei stand. Der blinzelnde Archäolog stellte sich alsbald halb mit dem Rücken davor und entwickelte in fließender Rede den etwas erstaunten Beschauerinnen die Schönheit und tiefe Bedeutsamkeit dieses *Seestücks*, bis Friedrich verdrießlich auf die Gebirge zeigte und das Bild wegnahm. Ein anderer Kunstfreund stellte auch wohl einmal eins der von Friedrich allerdings oft etwas barock genommenen Seebilder, in denen aber doch stets irgendein der Ostseenatur charakteristischer Lichteffekt dem Künstler tief empfunden vorgeschwebt hatte, verkehrt auf die Staffelei und hielt den dunklen Wolkenhimmel für die Wellen und den Himmel für das Meer und sonst dergleichen!

David d'Angers

Heute abend haben wir den Maler Friedrich besucht. Er selbst öffnete uns die Tür. Er ist groß und hager. Seine Augen, von dichten Brauen überschattet, sind tief umrändert. Er hat uns in sein Atelier geführt: Ein kleiner Tisch, ein Bett, das eher einer Totenbahre gleicht, eine leere Staffelei – das ist alles. Die grünlich getünchten Wände des Raumes sind völlig nackt und schmucklos; vergeblich sucht das Auge nach einem Bild oder einer Zeichnung. Erst nach langem Bitten kramt uns Friedrich einige Werke hervor, unter anderen ein Bild, das einen Baum darstellt. Er trägt keinerlei Laub; auf einem seiner Zweige hockt eine Eule, und das diffuse Licht des Mondes erhellt den Hintergrund. Kein Erdreich, in dem der Baum verwurzelt sein könnte. Eine Wirkung, die an Träumerei grenzt. Wir haben schließlich eine ganze Anzahl seiner Bilder kennengelernt. Niemals sind sie figürlich belebt. Das Interesse des Malers beschränkt sich völlig auf die Wahl der Landschaft, auf das Spiel des Lichts, auf die Gesamtwirkung. Friedrichs Begabung liegt in der Einfachheit seines Empfindens und seines Strichs; sein Stift hat etwas von der lakonischen Beschränkung des großen Redners.

Karl Förster

Am andern Morgen gehen wir nach der Bildergalerie, die leider nicht offen. Nach vergeblichem Harren lenken wir unsere Schritte zu Friedrich, dem sich Cornelius nicht sogleich zu erkennen geben wollte, «wer er sei, werde sich schon finden». Als er sich endlich genannt, erklärte jener, so hoch hinaus habe er nicht hoffen können. Der liebe treffliche Mann war in seiner einfachen kindlichen Weise gar liebenswürdig, ganz Freude und Demut. Er zeigte mehreres vor mit einer den tüchtigen Künstler ehrenden Zaghaftigkeit. Er setzte sich zu uns auf die Erde, war nicht zu bewegen, einen andern Platz einzunehmen; «muß doch ein bissel meine Ergebenheit zeigen», sagte er in seiner treuherzigen Pommerschen Mundart. Er lachte sich selbst aus, daß er lauter Mondschein male, und meinte, wenn die Menschen nach ihrem Tode in eine andere Welt versetzt würden, so käme er sicherlich in den Mond. Wir sahen ein kleines Bild: «Das Meer, vom Mond beschienen». Die Idee des Unendlichen möchte sich in so kleinem Raum kaum vollkommener darstellen lassen; der Widerschein des Mondes auf den Wellen vortrefflich.

Ein Altan mit dahinterliegendem gotischen Gebäude, oben über dem Turm ein einzelner heller Stern, ganz so, wie der Maler einen solchen in Wirklichkeit gesehen, auf dem Altan ein Mädchen, das in den Himmel hinaussieht. Dies vorzüglich ist an Friedrich preiswürdig, daß er seine Figuren immer in Beziehung auf die Landschaft sinnreich zu bringen weiß; hier – Beschauung des Unendlichen; diese Idee tritt sogleich recht lebendig hervor.

Zwei in Mäntel gehüllte Jünglinge sehen begeistert, sich umschlungen haltend, hinaus in die Mondlandschaft. «Die machen demagogische Umtriebe», sagte Friedrich ironisch, wie zur Erklärung. Schilf, darin zwei Schwäne, magisches Mondlicht. «Das Göttliche ist überall», sagte Friedrich, «auch im Sandkorn; da habe ich es einmal im Schilfe dargestellt.» Noch sehen wir Arkona auf der Insel Rügen, schon merkwürdig als das nördlichste Vorgebirge Deutschlands. Ein gewaltiger Kreidefelsen, der erst in roten, dann in gelben Sand in die See ausläuft. Dann zeigt er noch ein schönes Bild vor, eine Partie aus dem Riesengebirge, oder vielmehr in dem Charakter desselben gemalt, eine Höhe, wo die Vegetation schon aufhört, und nur dürftig Knieholz ärmlich gedeiht, höher hinan alles öde.

Friedrich begleitete uns zu Maler Heinrich, dem ewig bescheidenen demütigen Jüngling … Von hier zu dem Norweger Dahl. Er war nicht zu Hause, aber zu seinen Bildern erhielten wir Zulaß. Vorher erzählte Friedrich mit Anerkennung fremden Verdienstes, die dem Künstler ziemt, manches von ihm, von der Leichtigkeit, mit welcher er seine Bilder fast hinzaubert, von seinem prächtigen kauderwelschen Deutsch und von seinen seltsamen Träumen ...

Wilhelm von Kügelgen

Friedrich war ein sehr aparter Mensch. Mit seinem ungeheuren Kosakenbarte und großen düsteren Augen hatte er ein treffliches Modell zu einem Bilde meines Vaters abgegeben, das den König Saul darstellte, über den der böse Geist vom Herrn kommt. Doch wohnte in ihm vielmehr ein Geist, der keine Fliege kränken, viel weniger geneigt sein konnte, den frommen Harfenisten David zu erlegen, ein sehr zarter, kindlicher Sinn, den Kinder und kindliche Naturen leicht erkannten, mit denen er daher auch gern und zutraulich verkehrte. Im allgemeinen war er menschenscheu, zog sich auf sich selbst zurück und hatte sich der Einsamkeit ergeben, die je länger, je mehr seine Vertraute ward und deren Reize er in seinen Bildern zu verherrlichen suchte. Dergleichen Bilder waren früher nicht gewesen und werden schwerlich wiederkommen, denn Friedrich war ein Einundeinzigster in seiner Art, wie alle wirklichen Genies. Es ist schade, daß man Kunstwerke nicht beschreiben kann; man kann eben nur ihren Stoff andeuten, und es war sonderbares Zeug, was Friedrich malte. Nicht paradiesische Gegenden voll Reichtum und lachender Pracht, wie Claude [Lorrain] sie liebte und alle diejenigen gern sehen, die nur Stoff und Machwerk ansehen. Sehr einfach, ärmlich, ernst und schwermutsvoll, glichen Friedrichs Phantasien vielmehr den Liedern jenes alten Keltensängers, deren Stoff nichts ist als Nebel, Bergeshöhe und Heide. Ein Nebelmeer, aus dem eine einsame Felskoppe ins Sonnenlicht aufragt, ein öder Dünenstrand im Mondschein, die Trümmer eines Grönlandfahrers im Polareise – so und ähnlich waren die Gegenstände, die Friedrich malte und denen er ein eigentümliches Leben einzuhauchen wußte. Mein besonderer Liebling unter diesen Bildern war ein junges Kiefernbäumchen im wirbelnden Schneewetter. Dichter Schnee lag oben darauf und fußhoch darum herum. Darunter aber, im Schutz des Nadeldaches, war es sehr heimlich, da war der Schnee nicht hingelangt, da schliefen die Kinder des vergangenen Sommers, Heidekraut und welke Halme und ein paar zusammengekrochene Schneckenhäuschen, im tiefsten Frieden. Das war das ganze Bild.

Mit so einfachen Mitteln große Wirkungen zu machen, vermag nicht jeder, und doch liegt es so nahe, Einfaches und Bekanntes darzustellen, wenn man verstanden sein will. Ein Kiefernbäumchen ist uns jedenfalls verständlicher als ein Palmbaum, den wir nie gesehen. Inzwischen hatte Friedrich doch immer nur ein kleines Publikum, weil er, wenn schon mittels bekannter Formen, dennoch etwas zur Anschauung brachte, was die meisten Menschen fliehen, nämlich die Einsamkeit. Hätte mein Vater die Fremden, die seine Werkstatt besuchten, nicht regelmäßig auf Friedrich verwiesen und überall Lärm für ihn geschlagen, so würde der bedeutendste Landschaftsmaler seiner Zeit gehungert haben.

Dieser originelle Meister entstammte traditionell einem alten Grafengeschlecht, das, des evangelischen Bekenntnisses wegen vor Zeiten aus seinem Stammsitz Friedrichsdorf in Schlesien ausgewiesen, sich nach Pommern gewandt und dort der Seifensiederei ergeben hatte. Auch unser Friedrich war der Sohn eines Greifswalder Seifensieders, und von den Eigenschaften seiner Ahnen hatten sich nur die inneren Werte tapferer Wahrheitsliebe, stolzen Freiheitssinnes und einer hohen moralischen Selbständigkeit auf ihn vererbt. Im übrigen war er so arm wie Keppler, von dem der Dichter singt: «Er wußte nur die Geister zu vergnügen, drum ließen ihn die Leiber ohne Brot.» Auch Friedrich kam aus seiner bedrängten Lage nie heraus, weil er zu menschenscheu und unbeholfen, vielleicht zu gut für diese

Welt war. Namentlich nach dem Tode meines Vaters gestaltete sich sein Leben immer trüber, aber der Adel seiner Seele blieb ungebrochen. Die Felsenkoppe, die aus Nebel nach der Sonne schaut, das war sein Bild.

Friedrichs Atelier ... war von so absoluter Leerheit, daß Jean Paul es dem ausgeweideten Leichnam eines toten Fürsten hätte vergleichen können. Es fand sich nichts darin als die Staffelei, ein Stuhl und ein Tisch, über welchem als einzigster Wandschmuck eine einsame Reißschiene hing, von der niemand begreifen konnte, wie sie zu der Ehre kam. Sogar der so wohlberechtigte Malkasten nebst Ölfläschchen und Farbenlappen war ins Nebenzimmer verwiesen, denn Friedrich war der Meinung, daß alle äußeren Gegenstände die Bilderwelt im Innern stören ...

Mein Vater, brünett mit glattrasiertem Kinn, war stets sehr ordentlich gekleidet, während der hochblonde und kosakenbärtige Friedrich sich bei der Arbeit mit einem langen grauen Reisemantel zu begnügen pflegte, der es zweifelhaft ließ, ob er sonst noch etwas darunter habe; und wer ihn kannte, wußte, daß dies nicht der Fall war.

Gotthilf Heinrich von Schubert

Ich hatte indes sehr bald vertraute Bekanntschaft und Freundschaft geschlossen mit einem Manne, bei dem man von dem Toben der äußeren, politischen Stürme am öftesten etwas hören konnte. Das war kein Kriegsmann oder berühmter Diplomat, sondern der edle Pommer *Caspar David Friedrich*, der zu seiner Zeit und in dem Kreise, der ihn erkannte, hochgeachtete Landschaftsmaler. Ich muß hier von diesem höchst originellen Menschen von allen meinen Dresdner Bekannten zuerst reden, denn er gehört mir zu den liebsten Erinnerungen an die inneren wie äußeren Aufregungen aus jener Zeit einer gewaltsamen Wiedererweckung der lange schlummernden deutschen Kraft.

Friedrich wohnte draußen an der Pirnaischen Vorstadt in einem nahe bei der Elbe gelegenen Hause, welches, wie die meisten Häuser in der Nachbarschaft, Leuten von geringem Vermögen zugehörte. Die Einrichtung in seinem Zimmer schickte sich ganz gut zu dieser Nachbarschaft; man sah da nichts als einen hölzernen Stuhl und einen Tisch, auf welchem die Gerätschaften seiner Arbeit standen. Kam einer zu ihm, den er wollte sitzen lassen, dann wurde aus der Kammer noch ein alter hölzerner Stuhl, und wenn zwei kamen, eine hölzerne Bank von dem Vorplatz bei der Treppe hereingetragen. Denn in der Kammer fand sich außer dem alten Stuhl auch nichts, als ein diesem ebenbürtiger Tisch und ein Bett, über welches eine wollene Decke ausgebreitet lag. Wir waren, als ich den ersten Besuch bei ihm machte, unserer drei, denn Hartmann führte mich und meinen Freund Köthe bei Friedrich ein, deshalb wurden heute alle dem Künstler zu Gebote stehenden Möbel in Bewegung gesetzt.

Ich konnte vorerst nicht satt werden, mir den merkwürdigen Mann zu betrachten. Denn ein solches Angesicht wie das seinige hatte ich damals und habe wohl auch seitdem selten oder nie an einem anderen Menschen gesehen. Es war keineswegs das, was man schön nennt, ziemlich bleich und mager, aber jeder Muskel desselben, auch wenn er sich nicht bewegte, stellte einen kräftigen Charakterzug dar, welcher durch die sich immer gleichbleibende Stimmung des Gemütes zu einem feststehenden Gepräge geworden war. Der schwermütige Ernst, der sich in den Zügen der Stirne kundgab, wurde schon durch den kindlich-treuherzigen Blick der blauen Augen gemildert; über dem Munde schwebte ein leichter Zug des Scherzes.

In der Tat ein seltsames Zweigespann der Gemütsstimmungen, zum tiefsten Ernst wie zum heitersten Scherze, dergleichen sich nicht selten bei den ausgezeichnetsten Melancholikern wie Komikern beisammen findet. Denn daß Friedrich im höchsten Grade von melancholischem Temperamente sei, das wußten alle, die ihn und seine Geschichte sowie den Grundton aller seiner künstlerischen Arbeiten kannten. Seitdem er als Jüngling seinen Bruder, den Knaben, den er wie sein eigenes Herz liebte, unter dem zusammenbrechenden Eise des Meeres mußte versinken sehen, dahin er ihn zum Schlittschuhlaufen verlockt hatte, war er lange Zeit in ein düsteres Grämen versunken, das ihm die Freude am Leben bis zum gefahrdrohenden Überdruß verleidete. Er wollte keinen tröstenden Zuspruch der Freunde, er floh die Gesellschaft der Bekannten und Verwandten. Die stille Wildnis der Kreidegebirge und der Eichenwaldungen seiner vaterländischen Insel Rügen waren im Sommer, noch mehr aber in der stürmischen Zeit des Spätherbstes und im angehenden Frühling, wenn auf dem Meer an der Küste das Eis brach, sein beständiger, sein liebster Aufenthalt. In Stubbenkammer, wo damals noch kein modernes Gasthaus stand, verweilte er am öftesten, dort sahen ihn die Fischer manchmal mit Sorge um sein Leben, ja wie einen, der freiwillig in der Flut sein Grab suchen wollte, auf und zwischen den Zacken der Bergwand und ihren ins Meer hineinragenden Klippen herumklettern. Wenn der Sturm am kräftigsten war und die Wogen, mit Schaum bedeckt, am höchsten heranschlugen, da stand er, von dem heranspritzenden Schaume oder auch von einem plötzlichen Ergusse des Regens durchnäßt, hinschauend wie einer, der sich an solcher gewaltigen Lust der Augen nicht satt sehen kann. Wenn ein Gewitter mit Blitz und Donner über das Meer daherzog, dann eilte er ihm wie einer, der mit diesen Mächten den Freundschaftsbund geschlossen, entgegen auf den Felsensaum der Küste oder ging ihnen nach in den Eichenwald, wo der Blitz den hohen Baum zerspaltete, und murmelte da sein halblautes «wie groß, wie mächtig, wie herrlich!» Diese Liebschaft seines Gemütes mit der gewaltigen, mit der wilden Natur sprach sich auch in seinen gelungensten Bildern aus, die erst in späteren Jahren ein milderes Licht empfingen. Ein Felsen im anbrandenden Meere; ein Wald, dem der Sturm das herbstliche Laub und einen Teil der Zweige entreißt;

ein abgestorbener Baumstamm, auf dem ein Rabe sitzt; ein Fischerboot, das mit den Wellen kämpft; eine Winterlandschaft, vom scheidenden Abendlicht beleuchtet, aus dessen Schnee die entlaubten Bäume und ein Kirchhof mit seiner Kapelle hervorragt, nach welcher ein Greis an seinem Stabe dahinschleicht, und unzählige Skizzen sowie viele, meist nur in Sepia ausgeführte Bilder trugen alle diesen Charakter des tiefen Ernstes. Damals war er soeben mit einem seltsamen Bilde beschäftigt. Es stellte keine Landschaft dar, denn vom Lande sah man nichts als einige über den Hochnebel hervortretende Berggipfel, sondern es war ein Bild, dergleichen nur der Luftschiffer sehen kann, wenn er auf seinem Fahrzeuge sich über die Tiefe der Wolken, welche das Land unter ihm bedecken, bis dahin erhebt, wo schon hin und wieder durch den zerrissenen Nebelschleier das ungetrübte Blau des Himmels gesehen wird und ein Strahl der Sonne hereinbricht. Kein Luftschiffer aber, sondern ein Seeadler war es, den der Künstler als lebenden Zeugen des Kampfspieles darstellte, das dort in der Höhe der Sturm mit dem zerreißenden und flüchtigen Gewölke hielt. Denn an der Richtung von diesem wie am Gefieder des Adlers, der soeben aus dem fliehenden Nebel sich herausarbeitete in das lichtere Blau, konnte man, wie an einem wogenden Meere, die Gewalt ermessen, welche da oben der Wind hatte. Es war ein Bild, dem der Künstler, wie ich nachher sagen werde, seine Deutung gab; für ihn ein Bild der damaligen Geschichte des Vaterlandes.

Wer aber in dem Maler Friedrich nur diese eine Seite seines Wesens: den tiefen, schwermütigen Ernst sah, der kannte ihn nur halb. Ich habe wenig Menschen kennengelernt, welche im geselligen Umgang mit anderen, wenn diese nämlich ihm zusagten, eine so heitere Gemütlichkeit, eine solche Gabe zum Scherz hatten als er. Mit der ernstesten Miene sprach und erzählte er Dinge, welche bei allen anderen ein unverlöschliches Lachen erregten; überall wohin er kam, brachte er, wenn ihm der Kreis gefiel, Heiterkeit mit sich und fröhliches Bezeigen.

Wenn er in tiefen Ernst versunken bei seiner Arbeit saß und es kamen Kinder aus der Nachbarschaft zu ihm, da plauderte und scherzte er mit diesen selber wie ein Kind. Ein kleines Mägdelein der Nachbarin bat ihn öfters um ein Geschenk von Bildern. Er, der keinem Kinde eine Bitte abschlagen konnte, vermochte dies hier am wenigsten, ihn freute der Sinn und die Neigung des Kindes zur Kunst, gab ihm, denn anderes hatte er nicht, kleine Skizzen aus seiner Hand. Als aber das Mägdelein gar so oft mit derselben Bitte kam, fragte er es einmal: «Was tust du mit den vielen Bildern?» – «Ich wickle meine Sachen hinein», antwortete die Kleine.

Doch ich wollte hier nur von dem ersten Eindrucke reden, den der seltene Mann auf mich machte. Es war gegen Ende des Oktobers; Napoleon mit all seinen Gewalttätigkeiten, die Schmach des Vaterlandes kamen bald ins Gespräch. Mit seinem gewöhnlichen Ingrimme gegen die Franzosen sprach Friedrich zugleich den Schmerz über die Erniedrigung Deutschlands aus. Als aber wir anderen trübe Bedenken und bängliche Befürchtungen für die fernere Zukunft äußerten, da deutete er auf den Adler in seinem Bilde hin. «Er wird sich schon herausarbeiten, der deutsche Geist, aus dem Sturme und den Wolken», sagte er, «und dort sind Berggipfel, die feststehen und Sonne haben. Wäre der Sturm nicht gekommen, der Adler wäre vielleicht unten im Nebel sitzengeblieben, wo keine Beute zu sehen und zu fangen war, hätte gehungert und gelungert. Der Deutsche muß nur erst warm werden, ehe er den Arm erhebt, wenn er ihn aber einmal erhebt, da flutscht es, wie wir Pommern sagen. Es fällt mir dabei ein Geschichtchen von diesem Warmwerden ein, das ich euch wohl erzählen will.

Ein Engländer, der sich längere Zeit in Berlin aufgehalten, machte eine Reise nach Italien und nahm sich dazu als Bedienten einen pommerschen Bauernknecht, einen baumstarken, braven Burschen mit. In Italien fuhren sie bald, bald gingen sie zu Fuß, denn der Engländer wollte das alles, was ihm merkwürdig schien, recht genau sehen. Einmal auf einer Wanderung übers Gebirge springen vier Kerle aus dem Gebüsche heraus, mit Pistolen und gezückten Dolchen in der Hand; treten vor den Engländer hin und begehren sein Geld samt seiner Uhr. Er gibt ihnen alles her. ‹Ja›, sagen die Kerle, ‹das Geld und die Uhr sind wohl gut, aber, mein Herr, Ihr seht, daß es uns gar sehr an neugewaschenen Hemden und ganzen Röcken fehlt, wir müssen Euch auch darum ersuchen.› Der Engländer winkt seinen Bedienten, welcher, denn er hatte so etwas in seinem Leben noch nicht gesehen, ganz ruhig der Sache zuschaute; der Bursche schnallt den Tornister ab, den er auf dem Rücken trug, und gibt ihn den Spitzbuben. Da nun diese fort sind, wendet sich der Herr zu seinem Bedienten, und zwar nicht nur mit den Blicken allein, sondern mit dem Stocke, den er gut zu schwingen weiß. ‹Du baumstarker deutscher Lümmel›, sagt er, indem er immer auf den Burschen losschlägt, ‹schämst du dich nicht, daß du deinen Herrn so ruhig ausplündern lässest? Du mit deinen Drescherarmen und Fäusten, mit deinem dicken Prügel in der Hand, hättest es doch wahrhaftig mit vier solchen elenden Kerlen und noch einem mehr aufnehmen können.› Der Pommer läßt sich seine Weile prügeln, dann sagte er: ‹Jetzt halten Sie mal ein wenig an!›, läuft mit seinem Prügel ins Gebüsch hinein, den Spitzbuben nach, und es dauert nicht lange, da kommt er mit dem Tornister, mit der Geldbörse, Uhr und allem, was man seinem Herrn genommen, zurück. ‹Denen habe ich es›, ruft er, ‹tüchtig nachgezahlt; einer liegt noch am Boden, die andern sind davon.› – ‹Du alberner Bursche›, sagt der Engländer, ‹warum hast du das nicht gleich so getan, da wären wir doch unserer zwei gewesen, denn ich hätte dir gern mit geholfen.› – ‹Herr›, so antwortete der andere, ‹der Deutsche muß nur erst warm werden, dann steht er seinen Mann.› – So, meine ich», fügte Friedrich seinem Geschichtchen hinzu, «wie mein Landsmann, der Pommer, den Spitzbuben, so werden es die Deutschen, wenn sie erst warm werden, das heißt brüderlich einig geworden sind, auch noch den Franzosen machen.»

Ich kam seitdem oft zu Friedrich in sein abgelegenes Haus in der Vorstadt, hörte gern die Ergießung seines deutschgesinnten Herzens über die damalige Lage der Dinge an und ging nie von ihm hinweg, ohne über vieles belehrt, beruhigt und getröstet zu sein.

Louise Seidler

... Dort lernte ich den interessanten Landschafter Caspar David Friedrich aus Greifswald und den Genremaler Kersting kennen. Jener wird stets bedeutend bleiben, da er die strenge Richtung einführte, nach der Natur gewissenhaft Studien zu machen. Auch die hohe Meisterschaft, mit welcher er in Sepia malte, ist noch nicht wieder erreicht worden. Er liebte es, seinen Kunstschöpfungen einen höheren Gedanken unterzulegen; erst das Verständnis dieser Tendenz machte seine Bilder dem Beschauer wert. Bei einem Besuche seines Ateliers sah ich zum Beispiel die Skizze eines für die Tetschener Kirche bestimmten Altarblattes, auf welchem ein hohes Kreuz über Dornen, Steinen und Gestrüpp sonnig emporstrahlen sollte. Ferner malte er unter anderem vier allegorische Landschaften, welche «Die Lebensalter» darstellen, und die Kindheit, die Jünglingsjahre, das Mannes- und Greisenalter des Menschen an der stets wachsenden Mächtigkeit eines Stromes veranschaulichten, der, klein beginnend, immer breiter wird, bis er sich ins Meer verliert, an dessen Gestade ein Kirchhof liegt. In der Erscheinung glich Friedrich mit seinem aschblonden Haar und Bart, blauen Augen und kräftigen, ausdrucksvollen Gesicht ganz einem alten Germanen; sein schönes, reines, frommes, kindliches Gemüt, die fast weibliche Zartheit seiner unaffektiert-sentimentalen Seele stand freilich in wunderlichem Widerspruch mit seinem derben Stocke und seinem Backenbarte, aber wer ihm nur einmal in sein reines Auge blickte, mußte auch durch die oft bittere Schale in seinem Tun und Bilden den süßen Kern schmecken. Er war und blieb für mich eine der erfreulichsten, angenehmsten Persönlichkeiten in ganz Dresden.

Wassili Andrejewitsch Shukowski
An die Großfürstin Alexandra Feodorowna

Karlsbad, 23. Juni 1821

... Jetzt habe ich die Ehre, Ihnen einen Bericht über mein übriges Dresdner Leben vorzulegen. Ich lernte in Dresden einige interessante Menschen kennen, aber ich will zu Eurer Hoheit nur von zweien sprechen, von Friedrich und von Tieck.

Wer Friedrichs Nebelbilder kennt und nach diesen Bildern, die die Natur nur von ihrer düsteren Seite darstellen, sich einfallen läßt, in ihm einen nachdenklichen Melancholiker mit bleichem Gesicht, mit poetischer Schwärmerei in den Augen zu suchen, der irrt sich. Das Gesicht Friedrichs wird niemanden überraschen, der ihn in der Menge trifft. Er ist ein hagerer mittelgroßer Mensch, blond, mit hellen Brauen, die über die Augen hängen; der hervorstehende Zug in seinem Gesicht ist Treuherzigkeit; so ist auch sein Charakter: Treuherzigkeit fühlt man aus allen seinen Worten. Er spricht ohne Beredsamkeit, aber mit lebhaftem und aufrichtigem Gefühl, besonders wenn man seinen Lieblingsgegenstand berührt, die Natur, mit der er wie ein Familiengenosse umgeht; aber er spricht von ihr ebenso, wie er sie darstellt, ohne Schwärmerei, aber mit Originalität; auch in seinen Bildern ist nichts Schwärmerisches; im Gegenteil, sie gefallen durch ihre Wahrheit, denn ein jedes erweckt in der Seele die Erinnerung an etwas Bekanntes; wenn man in ihnen mehr findet, als die Augen sehen, so ist der Grund der, daß der Maler auf die Natur nicht wie ein Artist sieht, der in ihr nur ein Motiv für den Pinsel sucht, sondern wie ein Mensch mit Gefühl und Phantasie, der überall in ihr ein Symbol des menschlichen Lebens findet. Friedrich kümmert sich wenig um Kunstregeln; er malt seine Bilder nicht für Kenner der Malerei, sondern für Freunde der Natur; die Kritiker können mit ihm unzufrieden sein, aber der beste Kritiker, das unvoreingenommene Gefühl, ist immer auf seiner Seite. Ebenso urteilt er auch über fremde Bilder; ich bin einige Male mit ihm in der Galerie gewesen. Beim Betrachten vieler Bilder konnte er mir die Maler nicht nennen, und überhaupt ist ihm alles das, was in Lehrbüchern der Malerei enthalten ist, wenig bekannt. Dafür fand er in vielen Bildern Schönheiten oder Mängel, die nur der bemerkt, der in das Lehrbuch der Natur geschaut hat.

... Ich habe Friedrich so schnell und nah kennengelernt, und er schien mir so verwandt, daß ich ihm vorschlug, mit mir zusammen in die Schweiz zu fahren – mein Geld hätte für zwei gereicht –, aber er schlug es mir ab und gefiel mir noch mehr durch seine Absage. «Sie wollen mich mit sich haben», antwortete er mir, «aber das Ich, das Ihnen gefällt, wird nicht mit Ihnen sein! Ich muß allein bleiben und wissen, daß ich allein bin, um die Natur vollständig zu schauen und zu fühlen; ich muß mich dem hingeben, was mich umgibt, mich vereinigen mit meinen Wolken und Felsen, um das zu sein, was ich bin. Die Einsamkeit brauche ich für das Gespräch mit der Natur. Einmal wohnte ich eine ganze Woche im Uttewalder Grund zwischen Felsen und Tannen, und in dieser ganzen Zeit traf ich keinen einzigen lebenden Menschen; es ist wahr, diese Methode rate ich niemandem – auch für mich war das schon zuviel: Unwillkürlich tritt Düsterkeit in die Seele. Aber gerade das muß Ihnen beweisen, daß meine Gesellschaft niemandem angenehm sein kann.»

Ferdinand, wie ich ihn der Abkürzung wegen nennen will, führte mich sogleich zu einem wackern Schwaben, einem Maler Hartmann, hin sowie zu einem sehr poetischen, eigentümlichen Landschaftsmaler, Friedrich, aus Schwedisch-Pommern gebürtig. Diese wahrhaft wunderbare Natur hat mich heftig ergriffen, wenn mir gleich vieles in seinem Wesen dunkel geblieben ist. Jene religiöse Stimmung und Aufreizung, die seit kurzem unsere deutsche Welt wieder auf eigentümliche Weise zu beleben scheint, eine feierliche Wehmut sucht er feinsinnig in landschaftlichen Vorwürfen auszudrücken und anzudeuten. Dieses Bestreben findet viele Freunde und Bewunderer und, was noch mehr zu begreifen ist, viele Gegner. Historie und mehr noch viele Kirchenbilder haben sich wie oft ganz in Symbolik oder Allegorie aufgelöst, und die Landschaft scheint mehr dazu gemacht, ein sinnendes Träumen, ein Wohlbehagen oder Freude an der nachgeahmten Wirklichkeit, an die sich von selbst ein anmutiges Sehnen und Phantasieren knüpft, hervorzurufen. Friedrich strebt dagegen mehr, ein bestimmtes Gefühl, eine wirkliche Anschauung und in dieser festgestellte Gedanken und Begriffe zu erzeugen, die mit jener Wehmut und Feierlichkeit aufgehen und eins werden. So versucht er also, in Licht und Schatten belebte und erstorbene Natur, Schnee und Wasser und ebenso in der Staffage Allegorie und Symbolik einzuführen, ja gewissermaßen die Landschaft, die uns immer als ein so unbestimmter Vorwurf, als Traum und Willkür erschien, über Geschichte und Legende durch die bestimmte Deutlichkeit der Begriffe und der Absichtlichkeit in der Phantasie zu erheben. Dies Streben ist neu, und es ist zu verwundern, wieviel er mehr als einmal mit wenigen Mitteln erreicht hat. So meldet sich bei uns in Poesie und Kunst, wie in der Philosophie und Geschichte, ein neues Frühlingsleben.

Wie bei jedem strebenden Künstler belebte auch ihn der Wunsch, Italien zu besuchen, aber seine beschränkte Lage, die oft drückend wurde, hinderte ihn daran. In einer solchen Verlegenheit besuchte ihn einst sein Freund Hartmann, der im Jahre 1842 verstorbene Professor, und sagte ihm, daß eine kunstliebende Gräfin nach Italien reisen wolle und einen Künstler unter vorteilhaften Bedingungen zu ihrem Begleiter wünsche. Friedrich, ganz entzückt über diese Nachricht, gesteht seinem Freunde, daß seine ökonomische Lage jetzt höchst drückend sei, und er möge ja alles aufbieten, daß diese Stelle kein anderer erhalte. Die Gräfin, hocherfreut, solch einen ausgezeichneten Reisegefährten zu erhalten, läßt Friedrich bitten, gleich zu ihr zu kommen. In dieser Zwischenzeit sind aber Friedrich mancherlei Bedenken aufgestiegen, und da Hartmann ihn zu seiner neuen Gönnerin abholen will, erklärt er, daß er keinen Schritt über die Schwelle der Wohnung der Gräfin setzen würde, bis sie ihm die Erlaubnis zusichern würde, daß er sie nie gnädige Frau oder gnädige Gräfin zu nennen brauche. Mit Unwillen vernimmt die Dame diese Bedingung. «Sie können leicht denken», spricht sie zu Hartmann, «daß es mir höchst gleichgültig sein muß, ob Friedrich diese Redensart gegen mich gebraucht oder diese mir entzieht, das aber wird Ihnen ebensogut einleuchten, daß man mit einem Manne, der ähnliche Forderungen überhaupt machen kann, immer Gefahr laufen würde, sich Unschicklichkeiten auszusetzen.»

Nachwort

Der Hauptteil dieser gekürzten Auswahl folgt in großen Zügen derjenigen Kurt Karl Eberleins, die dieser in «Caspar David Friedrich – Bekenntnisse», 1924, getroffen hat. Das Kupferstichkabinett Dresden bewahrt das Manuskript der «Äußerung bei Betrachtung einer Sammlung von Gemälden von größtenteils noch lebenden und unlängst verstorbenen Künstlern». Als Ergänzung wurden diesem Band Teile der ebenfalls 1924 erstmalig publizierten «Geschwisterbriefe» eingefügt, die D. Friedrich Wiegand herausgegeben hat.

Ergänzungen und Korrekturen von Herrmann Zschoche basieren auf eigenen Forschungsergebnissen und denen von Helmut Börsch-Supan und Karl Wilhelm Jähnig: «Caspar David Friedrich. Gemälde, Druckgraphik und bildmäßige Zeichnungen», München 1973; sowie Karl-Ludwig Hoch: «Caspar David Friedrich – unbekannte Dokumente seines Lebens», Dresden 1985.

Anmerkungen

S. 19
Heinrich – Johann **Heinrich** Friedrich (1777–1844) war ein jüngerer Bruder Caspar David Friedrichs. Er lebte als Seifensieder in Greifswald.
Wo mag Christian sein? – Joachim **Christian** Adolf Friedrich (1779–1843), ein weiterer Bruder des Malers, war ebenfalls in Greifswald ansässig. Neben seinem Tischlerberuf beschäftigte er sich mit dem künstlerischen Holzschnitt und gelangte hierin zu öffentlicher Anerkennung. Als Geselle wanderte er über München nach Lyon und kehrte 1810 von Paris nach Greifswald zurück. Seine Ehefrau, Elisabeth, geb. Westphal, findet in einigen Briefen Erwähnung.

S. 20
Dein Bildnis, oh wie hab' ich mich dazu gefreut – Bei dem Porträt handelt es sich vermutlich um eine Miniatur, die 1940 noch im Besitz der Erben von Friedrichs Bruder Heinrich war.
Unserm Herrn Schwager – Friedrichs Schwester, **Catharine** Dorethea (1766 bis 22. 12. 1808), war mit dem Pfarrer August Sponholz in Breesen bei Neubrandenburg verheiratet.

S. 21
von Vater – Adolf Gottlieb Friedrich (gest. 1809), der Vater des Künstlers, übte in Greifswald den Beruf eines Seifensieders und Lichtgießers aus.
damit Vater, Adolf und ich – Johann Christian **Adolf** Friedrich (1770–1838), ein älterer Bruder Caspar David Friedrichs, war im elterlichen Hause als Lichtgießer tätig und übernahm nach dem Tode des Vaters das Geschäft.

S. 22
so erkundige Dich nach dem Herrn von Klinkowström – Friedrich August von Klinkowström (1778–1835) war Schriftsteller, Pädagoge und auch Maler. Er studierte in Greifswald und besuchte vorübergehend den Unterricht bei dem Universitätszeichenmeister J. G. Quistorp, der Friedrichs erster Lehrer war. 1809 weilte Klinkowström im Atelier Davids in Paris.

Nach der letzten Nachricht von Hans – **Johannes** Samuel Friedrich (geb. 1773), ein älterer Bruder des Malers, lebte als Schmied in Neubrandenburg.

S. 23

Besuch vom Erbprinzen von Weimar – Der Erbprinz und spätere Großherzog Karl Friedrich von Sachsen-Weimar-Eisenach (1783–1853).

Das Glück scheint mich ganz verlassen zu haben – Caspar David Friedrich geriet während der Befreiungskriege in wirtschaftliche Bedrängnis. So mußte er – wie auch später wiederholt – seine Brüder um Unterstützung bitten. Der Brief wurde wahrscheinlich 1814 geschrieben, da in ihm auf den Tod der Frau des Bruders Heinrich Bezug genommen wird, die 1814 verstarb.

S. 24

Ernst Moritz Arndt – Arndt, der mit Friedrich schon seit seiner Greifswalder Jugendzeit bekannt war, besuchte den Maler während seines Aufenthaltes mit der Armee in Dresden im April 1813. Der Tod Scharnhorsts, der im gleichen Jahr an einer Kriegsverwundung starb, bewegte beide sehr. Arndt gedachte seiner in einem Gedicht, Friedrich entwarf ein Denkmal für ihn. Außerdem trug er sich mit einer darauf bezogenen Bildidee, wie aus diesem Brief an Arndt, in dem er ihn um eine Inschrift für das Denkmal bittet, hervorgeht.

Arndt notierte auf der Rückseite des Briefes: «Dem Beleber und Bereiter deutscher / Ehre und Freiheit, dem Stillen, Frommen / Tapfern (Vornamen) Scharnhorst.» Der Brief war durch die Zensur gegangen, denn einige Formulierungen sind unterstrichen.

S. 25

Louise Seidler – Louise Seidler (1786–1866) war Malerin und Schriftstellerin. Ihre künstlerische Ausbildung hatte sie in Gotha bei Doell und seit 1810 in Dresden bei F. G. von Kügelgen, später in München, Rom und Paris erhalten. Sie wurde 1823 in Weimar Hofmalerin und Zeichenlehrerin der Prinzessinnen. Sie war mit Goethe und Kersting freundschaftlich verbunden.

Friedrich kannte Louise Seidler seit 1810 und traf sie häufig, wenn er mit Georg Friedrich Kersting im Hause des Münzmeisters Kummer Besuche machte. Während der Wirren der Befreiungsbewegung hielt sich die Adressatin in Jena auf.

Kummers beide Brüder – Der Münzmeister Friedrich Gotthelf Kummer war einer der frühen Freunde Friedrichs in Dresden, mit dessen Familie der Maler den größten Teil des Jahres 1813 in Krippen in der Sächsischen Schweiz gewohnt hatte. Kummer begleitete 1815 Friedrich und 1819 Carl Gustav Carus auf ihren Rügenreisen.

S. 26

Soviel können Sie indes Kügelgen sagen – Mit dem Maler Franz Gerhard von Kügelgen (1772–1820), der eine Professur an der Dresdner Kunstakademie innehatte, war Friedrich eng befreundet.

Der Doktor Volkmann besuchte mich – Dr. Wilhelm Volkmann, Senator in Leipzig, war ein Freund des Hauses Kügelgen.

Kühn macht jetzt zwei Löwen – Christian Gottlieb Kühn (1780–1828) lebte als Bildhauer in Dresden. Er war ebenfalls ein guter Freund Friedrichs. Im Jahre 1806 schuf er eine Bildnisbüste und um 1810 eine Bildnisplakette des Freundes; 1808 führte er nach Friedrichs Entwurf den Rahmen für den «Tetschener Altar» aus. Kühn begleitete Friedrich 1811 auf einer Wanderung durch den Harz.

S. 27

Borge Dir von Herrn Quistorp – Johann Gottfried Quistorp (1755–1835) wirkte nach Abschluß seines Studiums unter Anton Graff an der Dresdner Kunstakademie als «Akademischer Zeichenmeister» an der Universität Greifswald. Bald nach seiner Amtsaufnahme (1788) kam Caspar David Friedrich als Schüler zu ihm.

wie es Gubitz macht – Friedrich Wilhelm Gubitz (1786–1870) war Holzschneider und Volksliterat. Er illustrierte vor allem Kalender und Almanache. Seit 1812 war er Akademieprofessor in Berlin.

Professor Schildener hat viele Blätter – Carl Schildener (1767–1843) wirkte als Rechtswissenschaftler und Universitätsbibliothekar in Greifswald. Er betrieb grundlegende Forschungen zur Vor- und Frühgeschichte Vorpommerns.

Bitte Magister Finelius – Johann Christian Friedrich Finelius (1787–1846) war Professor der Theologie und Superintendent in Greifswald. Nach einer künstlerischen Ausbildung unter Quistorp betätigte er sich nebenberuflich als Porträtist.

Der die Zeichnung machte ... heißt Hahn – Johann August Hahn (1777–1816) lehrte als Zeichner und Maler in Dresden. Auf seine Hilfe griff Friedrich häufig zurück, wenn er Vorlagen, namentlich figürliche, für die Holzschneidearbeit des Bruders Christian benötigte.

An Frau Schänen – Frau Schänen ist wohl die Frau (Elisabeth, geb. Westphal) des Bruders Christian.

J. L. G. Lund – Der dänische Maler Johann Ludwig Gebhard Lund (1777–1867) hat mit Friedrich zusammen in Kopenhagen studiert. In Dresden wohnten sie zusammen, und bevor Lund nach Paris ging, malte er 1800 ein Miniaturbildnis Friedrichs, das sich im Kestner-Museum Hannover befindet.

Ihren lieben Brief durch Herrn Faber – Der Maler Johann Theodor Eusebius Faber (1772–1852) lebte in Dresden.

Eckersberg schickte mir – Der Maler Christoffer Wilhelm Eckersberg (1783–1853) hielt sich nach einer dreijährigen Romreise (1813–1816) vorübergehend in Dresden auf.

die Gebrüder Veit – Die Brüder Veit (Johannes, 1790–1854; Philipp, 1793–1877) waren für kurze Zeit Schüler der Dresdner Akademie. Philipp wurde auch von Friedrich privat im Zeichnen unterwiesen.

Senf – Adolf Senff (1785–1863), ehemals Hauslehrer bei der Familie Kügelgen in Dresden, war von 1816/17 bis 1848 in Rom ansässig.

nur den Kammerherrn v. Ramdohr nicht – Siehe Anmerkung zu S. 121

Die Vetter – Frau Vetter war Lunds (und Friedrichs) Zimmerwirtin in Dresden gewesen.

darauf erfolgen versprochenermaßen die Zeichnungen – Die Entwürfe Friedrichs für die Änderung der Innenausstattung der alten Marienkirche zu Stralsund gelangten nicht zur Ausführung.

mit Caroline Bommer bin getraut worden – Die Trauung fand am 21. 1. 1818 in der Dresdner Kreuzkirche statt. Caroline Bommer war ein Bürgermädchen, das in Dresden in der Nähe Friedrichs gewohnt hatte.

S. 33

Übersende ich beifolgende Zeichnungen – Die Zeichnungen einschließlich der Projektbeschreibung, die hier nur in Auszügen abgedruckt ist, ging beim Rat der Stadt Stralsund im März 1818 ein. Im Sommer besuchte Friedrich mit seinem Bruder Christian die Stadt, um in dieser Angelegenheit beim Rat vorzusprechen. Möglicherweise sind seine Gedanken, alle Standesunterschiede im Kirchengestühl aufzuheben, die Ursache dafür, daß sein Entwurf abgelehnt wurde.

S. 34

Das Bild, meine Malerstube – Das Bild «Caspar David Friedrich in seiner Malerstube» stammt von Georg Friedrich Kersting.
ein ähnliches Bild von Kersting – Der Maler Georg Friedrich Kersting (1785–1847) lebte nach Absolvierung der Kunstakademie Kopenhagen (1805–1808) von 1809 bis 1818 in Dresden. Mit Friedrich wanderte er 1810 durch das Riesengebirge. Beide Maler verband zeitlebens eine enge Freundschaft. 1818 wurde Kersting Malervorsteher an der Porzellanmanufaktur in Meißen.
Studierstube des berühmten Predigers Reinhard – Franz Volkmar Reinhard (1753–1812) war Oberhofprediger in Dresden.

S. 35

Professor Rößler – Karl Rößler (1775–1845) war Maler und Akademieprofessor in Dresden.
Professor Seyffert – Johann Gotthelf Seyffert (1761–1824) lehrte Zeichenkunde an der Kunstakademie Dresden.
der Kupferstecher Gottschick – Johann Christian Benjamin Gottschick (1776–1844) war Kupferstecher in Dresden.
Von der Frau Kummern – Die Frau des Münzmeisters Kummer.
Freyberg – Der Autodidakt Albert Freyberg kopierte 1840 das Porträt Friedrichs von Caroline Bardua.

S. 36

brachte meine Lina ein kleines wohlgestaltetes Mägdlein zur Welt – Am 30.8.1819 wurde Friedrichs erstes Kind, die Tochter Emma, geboren.

S. 39

Den General Rühle – Johann Jakob Otto August Rühle von Lilienstern (1780–1847) war preußischer General im Generalstab und bekleidete leitende Funktionen im Militärerziehungs- und Bildungswesen. Sein Stammsitz war Laubegast bei Dresden. Patriot der Befreiungskriege, Sammler und Maler, gehörte er zum engeren Freundeskreis Friedrichs in Dresden und unterstützte ihn besonders im sogenannten Ramdohrstreit. (Siehe S. 117 ff.)

den Vorschlag des Professor Mende – Ludwig Mende, geb. 1779 in Greifswald, lebte dort seit 1815 als Arzt und Dozent. 1823 wurde er Professor für Frauenheilkunde in Göttingen.

ich fühle tief Deinen Verlust – Die Frau des Bruders Adolf, Margarethe, geb. Brückner, war 1820 gestorben.

S. 40

Giese – Gottlieb Christian Johannes Giese (1787–1838) hat wie Friedrich Zeichenunterricht bei Quistorp erhalten. Später setzte er seine Studien an der Berliner Akademie unter Karl Friedrich Schinkel fort. Zusammen mit dem Tischler Christian Friedrich restaurierte Giese das Innere des Nikolai-Doms in Greifswald im neogotischen Stil (1824–1833).

Biesner – Johann Heinrich Julius Biesner, ein Freund der Familie Friedrich in Greifswald, war Goldarbeiter, später reitender Diener und schließlich Bauzeichner und Aktuar an der Universität.

Praefke – Johann Friedrich Praefke, ein Verwandter der Familie Friedrich, arbeitete als Buchhalter bei dem Kommerzienrat Peter von Vahl in Greifswald.

S. 41

nach einem Entwurf von Krafft – Johann August Krafft (1798–1829), Maler und Zeichner, lebte seit 1820 in Dresden.

an seine Frau Caroline – Friedrichs Frau weilte in Meißen zu Besuch bei der ihr verwandten Familie Kersting.

S. 42

Wilhelm trinkt seit einigen Tagen – Wilhelm Bommer, ein Schwager Friedrichs, war zugleich sein Schüler.

S. 46

Gestern frühe schickte der Graf Vitzthum – Graf Heinrich von Vitzthum (1770–1837) war zu jener Zeit Generaldirektor der Dresdner Akademie der Künste.

daß mich der König zum Professor ernannt – Friedrich wurde am 17.1.1824 zum Titularprofessor ernannt, erhielt aber auch, als Ende des Jahres Johann Christian Klengel verstarb, keine Lehrbefugnis.

S. 48

an Dr. Wilhelm Körte, Halberstadt – Dr. Friedrich Heinrich Wilhelm Körte (1776–1846) hatte in Halle Jura studiert. Als Literaturhistoriker in Halberstadt beschäftigte er sich vorwiegend mit der Herausgabe von Werken seines Onkels Gleim und anderer Dichter.

Ein Teil der in diesem Brief beschriebenen Gemälde ist erhalten. Das von Friedrich erwähnte, bereits erhaltene bzw. noch ausstehende Geld ist wahrscheinlich das Honorar für die Tageszeitenfolge im Niedersächsischen Landesmuseum Hannover.

Bitte denen Herren Cramer – Dr. Friedrich Matthias Gottfried Cramer (1779–1836) arbeitete in Halberstadt auf ähnlichen Gebieten wie sein Freund Körte. Cramer besaß ein heute verschollenes Gemälde Friedrichs, eine «Offene Kapelle zur Winterszeit», für dessen Bezahlung Friedrich vielleicht ebenfalls in diesem Brief dankt. 1828 bat wahrscheinlich Cramer den Maler um einen Beitrag zur 1. Halberstädter Kunstausstellung, und Friedrich schickte den wohl 1822 gemalten «Kirchhofseingang» (Kunsthalle Karlsruhe) und eines der beiden in diesem Brief erwähnten «Brocken»-Bildchen.

und Caspari – wahrscheinlich der mit Körte eng befreundete Rechtsanwalt Dr. Georg Ludwig Caspari (1769 oder 1771 bis 1839).

S. 49

die beiden bewußten Landschaften – Gemeint sind die «Dorflandschaft bei Morgenbeleuchtung» und der «Mondaufgang am Meer», beide in der Neuen Nationalgalerie Berlin. Die Sammlung des Berliner Konsuls Joachim Heinrich Wilhelm Wagener bildete 1861 den Grundstock der Nationalgalerie.

S. 51

bei dem katholischen Bischof Mauermann – Ignaz Bernhard Mauermann (1786–1841) war apostolischer Vikar für Sachsen, später Bischof i. p. i. von Pellen.

S. 52
Prinz Friedrich mit seinem Bruder Johann – Prinz Friedrich
(1797–1854), seit 1836 König Friedrich August II. Prinz Johann
(1801–1873), seit 1854 König.
dem Minister Einsiedel die Fenster eingeworfen – Graf Detlev
von Einsiedel (1773–1861) war von 1813 bis 1830 sächsischer
Kabinettsminister.

S. 57
an W. A. Shukowski – Dem russischen Dichter Wassili Andrejewitsch Shukowski (1783 bis nach 1852) kommt das Verdienst zu,
die russische Dichtung vom französischen Einfluß befreit zu haben. Seine patriotischen Gesänge (1812/14) sind in der Gesin-
nung den patriotischen Werken Friedrichs verwandt. Als Lehrer
am Zarenhof, später als Staatsrat und Freund der Zarenfamilie,
hat er wiederholt Reisen nach Deutschland unternommen:
1821/22, 1826/27, 1838, 1840/42. Seit 1821 verband ihn eine
Freundschaft mit Caspar David Friedrich. Shukowski hielt das
Interesse des Zarenhofes an der Kunst des Freundes wach, so daß
auch später Gemälde und Zeichnungen vom Zarenhof erworben
wurden und die Familie Friedrichs noch nach seinem Tode eine
Unterstützung erhielt.
   Ende des Jahres 1835 kamen die in dem Brief erwähnten
Transparentbilder zum Versand. 1836 wurden sie bezahlt.

S. 60
der alte Hofrat Böttiger – Der Archäologe Karl August Böttiger
(1760–1835) war Oberinspektor über das Museum der Antiken
und die Mengsschen Gipsabgüsse in Dresden.
tue es noch aus Liebe für den guten Vater – Am 7. 5. 1840 war
C. D. Friedrich nach ständiger Verschlimmerung seines Leidens
gestorben. Er wurde am 10. Mai auf dem Trinitäts-Friedhof in
Dresden beigesetzt.

S. 61
Adolf legt auch ein paar Blätter bei – Friedrichs 1824 geborener
Sohn Gustav Adolf wurde ebenfalls Maler.
Robert Krüger … an W. A. Shukowski – Die drückende Not der
Familie veranlaßte Friedrichs Schwiegersohn, Robert Krüger, den
Staatsrat Shukowski um Verwendung beim Zaren zu bitten. Die
Familie erhielt hierauf eine einmalige Unterstützung.

S. 65
Aus dem Tagebuch – Die Tagebucheintragung machte Friedrich im August 1803 in Loschwitz.

S. 67
Aphorismen über Kunst und Leben – Die Aphorismen stammen größtenteils aus dem schriftlichen Nachlaß, der bei Johann Christian Claussen Dahl vorgefunden wurde.

S. 71
Äußerung bei Betrachtung einer Sammlung von Gemälden – Der vorliegende, von K. K. Eberlein übernommene Text wurde in dieser Ausgabe stark gekürzt. Er wurde in den Jahren um 1830 von Friedrich niedergeschrieben. Die Entschlüsselung einiger Werke und Künstler, die Sigrid Hinz noch nicht möglich war, ist inzwischen gelungen. Sie hat jedoch schon mit Recht angenommen, daß Friedrich in einigen Fällen sich selbst oder seine Gemälde im Auge hatte, besonders dann, wenn er von einem Künstler spricht, den man seit über einem Jahrzehnt zurückdränge.

S. 116
Wie der X [H. v. Q.] es will – Der angegriffene H. v. Q. ist Johann Gottlieb von Quandt (1787–1859), gebürtiger Leipziger, Besitzer einer umfangreichen Kunstsammlung, der seit 1823 ständig in Dresden lebte. Er war Mitbegründer des 1828 gegründeten Sächsischen Kunstvereins und publizierte kunstkritische und kunstwissenschaftliche Arbeiten. Quandt stand mit Goethe in regem Briefwechsel und beeinflußte das kulturelle Leben in der Elbemetropole entscheidend.

S. 117
Ramdohrstreit um den Tetschener Altar – Das «Kreuz im Gebirge», den sogenannten Tetschener Altar, hatte Friedrich ursprünglich «seinem König» Gustav IV. Adolf von Schweden gewidmet; die Kriegsereignisse verhinderten jedoch die Übersendung, und Friedrich verkaufte das Bild dem Gräflich Thunschen Ehepaar in Tetschen, das es wohl zunächst in der Schloßkapelle aufstellen wollte, weshalb Friedrich nach eigenen Angaben den entsprechenden Rahmen schnitzen ließ. Wahrscheinlich hat es jedoch niemals als Altarblatt gedient, sondern wurde im Schlafzimmer der Thuns aufgehängt.

S. 119

Der Tetschener Altar – Dieser Text erschien im «Journal des Luxus und der Moden» in Weimar im April 1809. Er gibt (gekürzt) die Gedanken Friedrichs zu seinem Gemälde wieder, die er in einem Brief vom 8. 2. 1809 dem Weimarer Professor Johannes Karl Hartwig Schulze (1786–1869) anvertraute, mit dem er sich 1807 in Dresden angefreundet hatte.

S. 121

F. W. B. von Ramdohr – Friedrich Wilhelm Basilius von Ramdohr (1757–1822) hatte in Göttingen Jura und klassische Archäologie studiert. Seit früher Jugend war er zeichnerisch und schriftstellerisch tätig. Größere Reisen nach Frankreich, Italien und innerhalb Deutschlands erweiterten seine kunsthistorischen Kenntnisse. 1793 publizierte er seine erste ästhetische Schrift, die Schiller als «den elendsten Wisch der Welt» bezeichnete. Jacob Grimm sagte 1805, daß Ramdohr das «wahre Bild eines unterdrückten Schriftstellers» abgäbe. Ramdohr wurde 1806 Kammerherr. Seit dem Zusammenbruch des preußischen Staates lebte er in Dresden und übte in Neapel von 1815 bis zu seinem Tode 1822 eine diplomatische Mission aus.

Der abgedruckte Aufsatz wurde veröffentlicht in der «Zeitung für die elegante Welt», Nr. 12, 13, 14 und 15 von 1809.

S. 148

über Kunstausstellungen und Kunstkritik – Der Aufsatz Hartmanns erschien in: »Phoebus, ein Journal für die Kunst», hrsg. von Heinrich von Kleist und Adam Müller, Dresden 1809.

S. 166

Bemerkungen eines Künstlers über die Kritik des Kammerherrn von Ramdohr – Der Aufsatz von Kügelgens erschien in der «Zeitung für die elegante Welt», Nr. 49, 1809.

S. 173

Wilhelmine Bardua – Wilhelmine Bardua war die Schwester der Malerin Caroline Bardua. Ihr Manuskript über das «Jugendleben der Malerin Caroline Bardua» wurde von W. Schwarz 1874 in Breslau herausgegeben. Abgedruckter Text ebenda, S. 58–61.

Die Bildnis- und Historienmalerin Caroline Bardua hatte ihre Ausbildung bei H. Meyer in Weimar und an der Dresdner Akademie unter F. G. von Kügelgen erhalten. Aus dieser Zeit rührt ihre Bekanntschaft mit Caspar David Friedrich.

S. 174
Carl Gustav Carus – Carl Gustav Carus (1789–1869) war Arzt und Naturwissenschaftler, Direktor der Entbindungsanstalt in Dresden. Er beschäftigte sich dilettierend mit der Malerei, und seine Werke verraten eine beachtliche Begabung. Seit 1817 war Carus mit Caspar David Friedrich befreundet und erhielt von ihm nicht nur praktische Anleitung, sondern auch vielfältige geistige Anregungen. Die «Neun Briefe über Landschaftsmalerei», die Carus 1831 publizierte, resultieren größtenteils aus seiner Kenntnis der Kunst und Kunstauffassung Friedrichs.

Neben wenigen anderen Zeitgenossen war es namentlich Carus, der als einer der ersten die entwicklungsgeschichtliche Bedeutung Friedrichs für die Kunst erkannt hat und nicht ruhte, sein Andenken lebendig zu erhalten. Er unterstützte auch die Familie Friedrichs nach dessen Tod.

Die ausgewählten Texte Carus' sind der Reihenfolge nach entnommen aus: Carl Gustav Carus, «Lebenserinnerungen und Denkwürdigkeiten», Leipzig 1865/66, Teil II, S. 388; Teil III, S. 95; Teil II, S. 303; Teil I, S. 207–209, 288.

S. 181
David d'Angers – Der Bildhauer Pierre Jean David d'Angers (1788–1856) war ein Vertreter des französischen Klassizismus. Er schuf vor allem Bildnisse bedeutender Gelehrter und Künstler, so auch ein Reliefbildnis von Caspar David Friedrich. Carus hatte d'Angers 1834 während seines Besuches in Dresden zu Friedrich geführt. Angesichts der Werke des Malers sprach der Franzose den vielzitierten Satz: «Voilà un homme qui a découvert la tragédie du paysage!» («Da ist ein Mensch, der die Tragödie der Landschaft entdeckt hat!»)

Möglicherweise hat d'Angers Verkäufe nach Frankreich vermittelt, oder von ihm erworbene Gemälde Friedrichs gelangten in öffentliche Sammlungen, denn 1940 konnten zwei Sepiazeichnungen Friedrichs im Museum Angers festgestellt werden.

Das Zitat wurde entnommen aus: Franz Bauer, «Caspar David Friedrich, ein Maler der Romantik», 1961, S. 64 f.

Karl Förster – Der Dichter und Übersetzer Karl August Förster (1784–1841) lebte seit 1806 in Dresden.

Das abgedruckte Zitat wurde entnommen aus: «Biographische und literarische Skizzen aus dem Leben und der Zeit Karl Försters», hrsg. von L. Förster, Dresden 1846, S. 156f.

dem sich Cornelius nicht sogleich zu erkennen geben wollte – Peter von Cornelius (1783–1867), der führende Maler der Nazarener in Rom, besuchte Friedrich am 18.4.1820.

S. 183

Wilhelm von Kügelgen – Wilhelm von Kügelgen (1802–1867), der Sohn des mit Friedrich befreundeten Malers Franz Gerhard von Kügelgen, lebte ebenfalls in Dresden, wo er seit 1818 bei seinem Vater und bei Ferdinand Hartmann eine künstlerische Ausbildung erhielt. 1833 wurde er Hofmaler in Ballenstedt.

Die Zitate wurden entnommen aus: Wilhelm von Kügelgen, «Jugenderinnerungen eines alten Mannes», Ebenhausen 1909, S. 109–111, 130.

S. 185

Gotthilf Heinrich von Schubert – Gotthilf Heinrich von Schubert (1780–1860) hatte Theologie und Medizin studiert. Er lebte seit 1805 zunächst in Freiberg/Sa. und dann bis 1809 in Dresden. Nach Schuberts Äußerungen muß er einen regen Verkehr mit Caspar David Friedrich gepflogen haben.

Der abgedruckte Text wurde entnommen aus: Gotthilf Heinrich von Schubert, Selbstbiographie, Band 2, Erlangen 1855, S. 182f.

S. 186

meinen Freund Köthe – mit dem Theologen Friedrich August Köthe (1781–1850) stand Friedrich später in freundschaftlichem Briefwechsel. Im Juli 1811 besuchte er ihn in Jena, und beide trafen mit Goethe zusammen.

S. 191

Louise Seidler – Das Zitat ist entnommen aus: «Erinnerungen und Leben der Malerin Louise Seidler», aus dem handschriftlichen Nachlaß zusammengestellt und bearbeitet von Hermann Uhde, Berlin 1875, S. 46.

S. 192

Wassili Andrejewitsch Shukowski – Das Briefzitat Shukowskis wurde entnommen aus: H. v. Einem, «W. A. Joukowski und C. D. Friedrich», in: «Das Werk des Künstlers», I. Jg., 1939.

S. 194

Ludwig Tieck – Ludwig Tieck (1773–1835) wurde 1819 sächsischer Hofrat in Dresden und 1825 Dramaturg des Dresdner Hoftheaters. Großen Einfluß auf die romantische Bewegung hatten seine ursprünglich von Wackenroder verfaßten, von ihm jedoch ergänzten «Herzensergießungen eines kunstliebenden Klosterbruders» (1797) und sein Bildungsroman «Franz Sternbalds Wanderungen» (1798).

Die zitierte Passage wurde abgedruckt nach: «Walther von Reineck an den Grafen Bilizki, Dresden, den 19. Juni 1803», in der Novelle «Eine Sommerreise», die Tieck aufgrund alter Tagebücher und Erinnerungen im Jahre 1834 schrieb.

S. 195

Adam Weise – Das Zitat wurde entnommen aus: Adam Weise, «C. D. Friedrich», in: «Allgemeine Enzyklopädie der Wissenschaften und Künste» von J. S. Ersch und J. G. Gruber, I. 50, Leipzig 1849, S. 147 f.